バターを使わないマフィン

しっとり、ふわふわ、
ほろほろ、パリパリ、
おかず
5つの生地で楽しむ
全46品

吉川文子

はじめに

この本では、バターを使わずにおいしく焼き上がるマフィンのレシピを、
食感に変化をつけてご紹介しています。
バターを使わなくても、おいしく作れるの？
と、思われるかもしれませんが、代わりにオイルを使うので大丈夫。
そしてオイルなら手早く作れるので、食べたいときにあっという間に作れます。

「マフィン」という、どこか軽やかでふんわりとしたやさしい言葉の響きに、
しばらくマフィンとはそういうもの、と思っていました。

ところが、数多くのマフィンに出会うなかで、
配合や手順は違っていても、それぞれに別のおいしさがあることを発見し、
マフィンを作るのがますます楽しくなりました。
バターケーキのように、どっしりとした重量感のあるものや、
水分の多い、しっとりとしたみずみずしさを感じるもの、
粉の風味がストレートに伝わってくる、ほろほろと崩れるような食感のものなど、
さまざまなタイプが存在することを知りました。

生地の混ぜ方も、粉を加えてから全体が均一になるまできちんと混ぜて
キメを整える方法もありますが、この本では粉が見えるか見えないかくらいに
ざっくりと混ぜて空気感を残す方法で作っています。

しっとり、ふわふわ、ほろほろ、パリパリ、そして塩気のきいたおかず……。
その日の気分や季節によって、食べたい食感や味を選び、楽しんでみませんか？
中には「これって本当にマフィンなの？」と思われそうなものもありますが、
型に入れて焼いてしまえば、ちゃんとマフィンになるのがおもしろいところです。

どれも手軽に作れるレシピばかりですので、いろいろ試して
お好きな食感のマフィンを見つけてくださいね。

吉川文子

Part 1

しっとりマフィン

基本のしっとりマフィン・プレーン　13
キャラメルクランブルマフィン　16
コーヒー・ホワイトチョコマフィン　17
クッキーバナナマフィン　20
ロッキーロードマフィン　22
ザッハトルテマフィン　23
ブルーベリーチーズケーキマフィン　26
ラズベリー・ココナッツマフィン　26
レモンケーキマフィン　27
抹茶ごまサブレマフィン　30
あずきココアマフィン　30
ジンジャーハニーマフィン　31
マドレーヌマフィン　34
白ワインとレーズンマフィン　34
オレンジ・サワークリームマフィン　35

はじめに　02
この本の特徴　06
おいしく作るポイント　08
おいしく食べる方法　09
基本の道具　10
基本の材料　11

Part 3

ほろほろマフィン

基本のほろほろマフィン・プレーン　53
メープルマフィン　56
ピーナッツバター・クランブルマフィン　57
グラノーラマフィン　57
いちごのショートビスケットマフィン　60
黒糖きなこマフィン　61
アプリコット・アーモンドマフィン　61
シナモンマーブルマフィン　64

Part 2

ふわふわマフィン

基本のふわふわマフィン・プレーン　39
ココアチョコチップマフィン　42
コーヒーナッツマフィン　43
パイナップル・ローズマリーマフィン　46
抹茶・クランベリーマフィン　46
チャイマフィン　48
紅茶・ドライいちじくマフィン　48
モンブランマフィン　49

パリパリマフィン

基本のパリパリマフィン・ピーカンナッツパイ 67
アップルパイマフィン 70
ピーチローズマフィン 70
バナナカスタードマフィン 72
洋梨と黒こしょうのマフィン 73
フロランタンマフィン 76
ごま団子マフィン 78

Part 4

Part 5

おかずマフィン

基本のおかずマフィン・ツナマヨネーズ 81
ほうれん草とうずらの卵のマフィン 84
カレーオニオンソーセージマフィン 86
アボカドとトマトマフィン 87
ベーコン・アップルマフィン 90
ベーコン・プルーンマフィン 90
ちくわと青のりのマフィン 92
ズッキーニとパプリカのマフィン 94

本書の使い方

○大さじ1は15ml、小さじ1は5mlです。
○卵はMサイズを使用しています。
○ココアは砂糖不使用のものを使用しています。
○ヨーグルトは砂糖不使用のプレーンヨーグルトを使用しています。
○オーブンの温度や時間は目安です。熱源や機種によって焼き上がりに違いが生じるので調整してください。
○電子レンジは600Wのものを使用しています。500Wの場合は加熱時間を1.2倍にして調整してください。

この本の特徴

1
マフィン型を使います

この本では直径7cm、高さ3cm、6個を同時に焼けるマフィン型を使っています。ひとつあると重宝する基本の型ですが、レシピによっては7個焼けるものもあり、その場合はプリン型をプラスして焼いてください。また、マフィン型がなくてもプリン型で代用できるので、どちらかお持ちの型を使ってください。マフィン用グラシン紙や春巻きの皮などを使えば直接型に生地を流さずに済むので、取りはずしも簡単。ボウルひとつで混ぜて気軽に焼けるのもマフィンの魅力です。

2
バターなしで作れます

バターではなくオイルを使ったマフィンは、とても軽やかに仕上がります。オイルは家にあるものでよいのですが、香りがきついものはマフィンの風味をじゃまするので向いていません。おすすめはサラダ油、太白ごま油、菜種油など、クセがないもの。どんな素材と合わせても引き立ててくれます。オイルのよいところは思い立ったらすぐに作れるところ。バターのように常温にもどす必要がないので時間や手間がかかりません。そしてどの家庭にもある材料なので、手軽にお菓子作りを楽しめます。

サラダ油
菜種や大豆などの植物油を精製した油。クセがないのでバター代わりによく使われます。

太白ごま油
ごまを炒らずに搾るため、ごま油特有の強い香りがなくお菓子作りに向いています。

菜種油
西洋アブラナから搾った植物油。精製法によって色や香りの濃さが違うのが特徴です。

3
5つの生地が楽しめます

しっとりマフィン

水分とオイルをきちんと乳化させることで軽さを出し、しっとりとした食感に仕上げました。バターを使わないマフィンの基本になるタイプです。

ふわふわマフィン

中はふんわり、表面はたっぷりと粉糖をふって焼き上げ、サクッと仕上げたダコワーズのような食感。オイルを加えていないので、口当たりもとても軽やかです。

ほろほろマフィン

サクッ、ほろっとした口の中でほどけるマフィンです。ピーナッツバターやヨーグルトを少量加えることで、中の生地がパサつかず、食べやすい仕上がりに。

パリパリマフィン

外はパリパリ、中はふんわりとした新食感マフィン。カップに敷いた春巻きのパリパリとした食感がめいっぱい感じられる焼き立てを食べるのがおすすめです。

おかずマフィン

塩味がきいた生地で食事にぴったりなマフィンです。ツナや野菜、ベーコンなど、具材をたっぷりと入れれば、これだけで食べ応えがあります。

おいしく作るポイント

バターを使わずにしっとり、ふわふわ、ほろほろなど、食感の違う生地を作るために、マスターしたいポイントを紹介します。

乳化させる

水分と混ざりにくいのがオイルの特徴です。そのため卵と混ぜ合わせるときは、一気に加えず、数回に分けてそのつどしっかりと混ぜて乳化させましょう。泡立て器を動かしたとき、とろみ感があれば乳化のサイン。ふわふわマフィン以外の、4タイプのマフィンに共通する基本的なポイントです。

しっかりしたメレンゲを作る

ふんわり食感の決め手はメレンゲの硬さ。粉や砂糖を混ぜても泡が消えないように、しっかりとしたメレンゲを作りましょう。目安はハンドミキサーを持ち上げたときに角が立つくらい、またはゴムべらを垂直にしてもついたメレンゲが落ちないくらいがベストです。

粉は練らずにさっくり混ぜる

粉を加えたら、とにかくサッと混ぜましょう。ボウルを回転させながら、ゴムべらで底から生地を返すように数回繰り返します。少し粉っぽさが残るくらいで混ぜ終わる生地は、軽やかな食感につながります。粉を練ってしまうと食感の重たいマフィンに仕上がるので気をつけてください。

おいしく食べる方法

マフィンを焼いた次の日以降に食べる場合は、せっかくの味が台無しにならないように、きちんと保存をして食べる前にひと手間かけましょう。

保存する

水分の多い果物や野菜が入ったマフィンは保存に向きませんが、そのほかのマフィンは冷蔵庫または冷凍庫で保存できます。どちらの場合も1個ずつラップに包んでから保存袋や保存容器に入れて乾燥を防いでください。冷蔵なら3日間、冷凍なら2週間を目安に食べ切りましょう。

食べる

冷蔵したマフィンは食べる前にラップをはずして電子レンジで15秒温めます。冷凍したマフィンはラップをはずして電子レンジに30秒かけてからいただきます。どちらの場合も少し温めるだけで、食感がぐんとよくなります。冷凍したパリパリマフィン（P.66〜79）は解凍したあとにトースターで2〜3分焼くと皮もパリッとおいしくなります。

＊加熱時間はマフィン1個あたりの目安です。

基本の道具

マフィン作りに必要な基本の道具です。ひとつのボウルに材料を加えて混ぜるだけで生地が完成するので、少ない道具で作れます。

○ マフィン型

直径7cm、高さ3cm、6個を同時に焼けるマフィン型。家庭のオーブンで使いやすいサイズを使用しています。

○ ふるい

粉類をふるって合わせたり、かたまりを取り除くときに使います。持ち手つきのざるが扱いやすくておすすめです。

○ ゴムべら

粉を加えたあとなど、練らずにサッと混ぜたいときや、空気を含ませずに混ぜるときに使います。

○ 泡立て器

材料を混ぜ合わせるときに使います。グリップが持ちやすく、ワイヤーのしっかりしたものを選ぶようにしましょう。

○ ハンドミキサー

メレンゲや生クリームを泡立てるときに使います。高速で混ぜれば、短時間で仕上がり、作業がはかどります。

○ はかり

レシピは液体もg表記しています。1g単位で計量できるデジタル表示のスケールが便利です。

○ マフィン用グラシン紙

耐水性、耐熱性に優れた薄いグラシン紙のマフィンカップを使用。型にぴったりと収まるように作られているので、サイズを確認してから購入しましょう。

○ ケーキクーラー

焼き上がったマフィンをのせ、粗熱をとります。型に入れたままにすると、生地が蒸れてしまい、さらに余熱で火が通ってしまうので、すぐに取り出して冷ましましょう。

ボウルの中に材料を入れて混ぜるだけ！

○ ボウル

入れる材料の量に合わせた大きさのものを使いましょう。材料を混ぜるときは直径18cm、メレンゲを作るときは直径15cmのものがおすすめです。

基本の材料

レシピで使う材料は手に入るもので構いません。紹介する材料は購入するときの参考にしてください。

○ 植物油

植物性の油を使います。サラダ油、太白ごま油、菜種油など、香りやクセが少ないものがマフィンに向いています。

○ 薄力粉

粘りを出すたんぱく質やグルテンをあまり含まず、お菓子作りに向いています。手に入りやすいものを使用してください。

○ コーンスターチ

とうもろこしからとったデンプン。焼き菓子に加えると軽い食感に仕上がります。

○ グラニュー糖

上白糖よりも粒が大きく、香りやクセがなくさっぱりとした甘さが特徴。素材の風味をそこなわず、お菓子作りに適した砂糖です。

○ きび砂糖

さとうきびから作られる砂糖。独特の風味があり、コクを加えたいときにおすすめです。

○ ベーキングパウダー

膨張剤。生地をふくらませるのに少量使います。添加物のアルミニウムが含まれていないタイプを使用しています。

○ バニラオイル

バニラの香り成分をオイルに溶かしたもの。バニラエッセンスに比べて香りが飛びにくいため、焼き菓子に向いています。

○ アーモンドパウダー

アーモンドを粉状にした製菓材料で、アーモンドプードルともいいます。風味やコクを加えてくれます。

○ 卵

Mサイズ（1個約55g）を使っています。卵黄、卵白を分けて使う場合は卵1個の卵黄は20g、卵白は35gというのを目安に使ってください。

○ 塩

おかずマフィンの生地に使用しています。自然塩や精製塩などいろいろな種類がありますが、普段使用しているものでOK。

○ ヨーグルト

無糖のプレーンタイプであれば、お好みのものでOK。加えることで、乳化を促し、生地にコクとしっとり感をプラスできます。

Part 1

しっとりマフィン

しっとりとした生地のおいしさが存分に感じられる、オイルを使った基本のレシピです。
水分量が多く、果物やチョコレート、コーヒーなど、いろいろな具材との相性もよく、幅広いアレンジが楽しめます。作り方もとってもシンプルなので、空いた時間で手軽に作れます。

BASIC, PLAIN MUFFIN
基本のしっとりマフィン・プレーン　作り方→p14

Part 1

基本のしっとりマフィン・プレーン

ヨーグルトを加えたしっとりタイプ。生地のおいしさを感じられるプレーンは、バリエーションの基本になるレシピです。

材料（直径7cmのマフィン型6個分）
卵　1個
植物油　70g
ヨーグルト　50g
牛乳　50g
バニラオイル　少々

A
　薄力粉　120g
　ベーキングパウダー　小さじ1
　きび砂糖　70g

下準備
○卵を室温にもどす。
○Aを合わせてふるう。
○型にマフィン用グラシン紙を敷く。
○オーブンを190℃に予熱する。

作り方

1 卵に植物油を混ぜる

ボウルに卵を割り入れて泡立て器で溶きほぐす。

植物油を少しずつ加えながら、そのつど泡立て器でよく混ぜて乳化させる。

植物油と卵が分離せず、卵液がとろっとした状態になるまで混ぜる。

2 ヨーグルトなどを加える

ヨーグルトを一度に加え、かたまりがなくなるまで泡立て器で混ぜる。

牛乳を加え、よく混ぜて乳化させる。

バニラオイルを加え、よく混ぜる。

しっとりマフィン

3 粉を加える

Aを一度に加える。

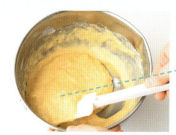

ボウルを回しながら、ゴムべらで底から生地を返すようにして、練らずにさっくりと混ぜる。粉っぽさがなくなったら混ぜ終わり。

POINT

粉が見えなくなったら、必ず混ぜるのを止めてください。混ぜすぎると食感が重くなるので注意しましょう。

4 焼く

グラシン紙を敷いた型に、スプーンで3を等分に流し入れ、190℃のオーブンで18〜20分焼く。

5 型から取り出す

焼き上がったらフォークなどを使って型からマフィンを取り出し、ケーキクーラーに移して粗熱をとる。

Part 1

CARAMEL CRUMBLE MUFFIN
キャラメルクランブルマフィン　作り方→p18

しっとりマフィン

COFFEE, WHITE CHOCOLATE MUFFIN
コーヒー・ホワイトチョコマフィン　作り方→p19

Part 1

キャラメルクランブルマフィン

しっとりした生地にクランブルのサクサク感をプラス。
ほろ苦い手作りのキャラメルクリームが味の決め手です。

材料（直径7cmのマフィン型6個分）
卵　1個
植物油　70g
ヨーグルト　50g
牛乳　50g
バニラオイル　少々
A
　薄力粉　120g
　ベーキングパウダー　小さじ1
　きび砂糖　70g
キャラメルクリーム　60g
　＊残ったクリームは冷蔵で2週間保存可能
　グラニュー糖　100g
　水　15g
　生クリーム　100g
クランブル
B
　薄力粉　40g
　アーモンドパウダー　20g
　きび砂糖　20g
　シナモンパウダー　少々
植物油　20g

下準備
○卵を室温にもどす。
○A、Bをそれぞれ合わせてふるう。
○型にマフィン用グラシン紙を敷く。
○オーブンを190℃に予熱する。

作り方

1 キャラメルクリームを作る。鍋にグラニュー糖と水を加えて中火にかけ、鍋をゆらしながら砂糖が溶けて濃い茶色になるまで加熱する。火を止め、生クリームを一気に加える（写真a）。泡立て器で混ぜて（写真b）、ムラがなくなったらボウルに移して粗熱をとる。使用する60gを量って分ける。

2 クランブルを作る。ボウルにBを入れ、植物油を一度に加えてゴムべらで混ぜる。しっとりとしてきたら手で混ぜ、指先ですりつぶしながらポロポロの状態にする（写真c）。

3 ボウルに卵を割り入れて泡立て器で溶きほぐす。植物油を少しずつ加えながら、そのつど泡立て器でよく混ぜて乳化させる。

4 ヨーグルトを一度に加え、かたまりがなくなるまで泡立て器で混ぜる。牛乳、バニラオイルを順に加え、そのつどよく混ぜて乳化させる。

5 Aを一度に加え、ボウルを回しながら、ゴムべらで底から生地を返すように混ぜる。少し粉が残る状態になったら、2/3量の1を所々に落とし入れ、サッと混ぜる。

6 グラシン紙を敷いた型に、スプーンで5を等分に入れる。残りの1をスプーンで等分に上からのせて、軽く混ぜてマーブル状にする。2を等分にのせて、190℃のオーブンで22分焼く。

7 焼き上がったらフォークなどを使って型からマフィンを取り出し、ケーキクーラーに移して粗熱をとる。

コーヒー・ホワイトチョコマフィン

ラム酒が香るビターなコーヒーと甘いホワイトチョコレートが
よく合います。板チョコレートは手に入る市販のものでOK。

材料（直径7cmのマフィン型6個分）
卵　1個
植物油　70g
ヨーグルト　50g
牛乳　50g
A
　薄力粉　120g
　ベーキングパウダー　小さじ1
　きび砂糖　80g
B
　インスタントコーヒー
　　（フリーズドライ）　小さじ2
　ラム酒（ダーク）　小さじ2
板チョコレート（ホワイト）
　1枚（40g）

下準備
○卵を室温にもどす。
○Aを合わせてふるう。
○Bを合わせて混ぜる。
○板チョコレートを1片ずつに手で割る。
○型にマフィン用グラシン紙を敷く。
○オーブンを190℃に予熱する。

作り方
1　ボウルに卵を割り入れて泡立て器で溶きほぐす。植物油を少しずつ加えながら、そのつど泡立て器でよく混ぜて乳化させる。
2　ヨーグルトを一度に加え、かたまりがなくなるまで泡立て器で混ぜる。牛乳、Bを加え、そのつどよく混ぜて乳化させる。
3　Aを一度に加え、ボウルを回しながらゴムべらで底から生地を返すように混ぜる。粉っぽさがなくなったら、混ぜ終わり。
4　グラシン紙を敷いた型に、スプーンで3を等分に入れる。板チョコレートを等分に生地に刺し込むようにのせて、190℃のオーブンで18〜20分焼く。
5　焼き上がったらフォークなどを使って型からマフィンを取り出し、ケーキクーラーに移して粗熱をとる。

Part **1**

COOKIE BANANA MUFFIN
クッキーバナナマフィン

しっとりマフィン

クッキーバナナマフィン

焼いてふくらむと同時に、クッキー生地に亀裂の入る様子はまるでメロンパンのよう。バナナの自然な甘さは朝食にもぴったり。

材料（直径7cmのマフィン型6個分）
卵　1個
植物油　60g
ヨーグルト　30g
牛乳　30g
バニラオイル　少々
A
　薄力粉　100g
　ベーキングパウダー　小さじ1
　きび砂糖　60g
バナナ　1本
クッキー生地
　B
　　薄力粉　40g
　　きび砂糖　20g
　　アーモンドパウダー　15g
　　シナモンパウダー　少々
　植物油　20g

下準備
○卵を室温にもどす。
○A、Bをそれぞれ合わせてふるう。
○バナナは皮をむき、2mm厚さの輪切りにする。
○型にマフィン用グラシン紙を敷く。
○オーブンを190℃に予熱する。

作り方

1　クッキー生地を作る。ボウルに**B**を入れ、植物油を一度に加えてゴムべらで混ぜる。ポロポロになってきたらひとつにまとめ、棒状にしてカードで6等分に分ける（写真**a**）、それぞれ手で丸めて台にのせ、上から押さえて直径6cmの円形にする（写真**b**）。
2　ボウルに卵を割り入れて泡立て器で溶きほぐす。植物油を少しずつ加えながら、そのつど泡立て器でよく混ぜて乳化させる。
3　ヨーグルトを一度に加え、かたまりがなくなるまで泡立て器で混ぜる。牛乳、バニラオイルを順に加え、そのつどよく混ぜて乳化させる。
4　**A**を一度に加え、ボウルを回しながらゴムべらで底から生地を返すように混ぜる。少し粉が残る状態になったら、バナナを加え、サッと混ぜ合わせる。
5　グラシン紙を敷いた型に、スプーンで**4**を等分に入れる。**1**を1枚ずつのせて、190℃のオーブンで18〜20分焼く。
6　クッキー生地が崩れやすいので、焼き上がったら型に入れたまま粗熱をとる。フォークなどを使って型からマフィンを取り出し、ケーキクーラーに移してさらに冷ます。

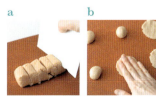

ROCKY ROAD MUFFIN
ロッキーロードマフィン　作り方→p24

しっとりマフィン

SACHERTORTE MUFFIN
ザッハトルテマフィン　作り方→p25

ロッキーロードマフィン

ごつごつとした岩を連想させるチョコレート菓子、ロッキーロードのようにチョコレート、ナッツ、マシュマロのハーモニーが口に広がります。

材料（直径7cmのマフィン型6個分）
卵　1個
植物油　70g
ヨーグルト　50g
牛乳　50g
バニラオイル　少々

A
　薄力粉　120g
　ベーキングパウダー　小さじ1
　きび砂糖　60g

B
　板チョコレート（ブラック）
　　1枚（50g）
　ミックスナッツ（ロースト）　50g
　ミニマシュマロ　20g

下準備
○卵を室温にもどす。
○Aを合わせてふるう。
○Bの板チョコレートを1cm角程度の大きさに手で割り（またはカットする）、ミックスナッツは半分の大きさに切り、それぞれ合わせ、さらにミニマシュマロを加えて合わせる。
○型にマフィン用グラシン紙を敷く。
○オーブンを190℃に予熱する。

作り方
1　ボウルに卵を割り入れて泡立て器で溶きほぐす。植物油を少しずつ加えながら、そのつど泡立て器でよく混ぜて乳化させる。
2　ヨーグルトを一度に加え、かたまりがなくなるまで泡立て器で混ぜる。牛乳、バニラオイルを順に加え、そのつどよく混ぜて乳化させる。
3　Aを一度に加え、ボウルを回しながらゴムべらで底から生地を返すように混ぜる。少し粉が残る状態になったら、2/3量のBを加え、サッと混ぜ合わせる。
4　グラシン紙を敷いた型に、スプーンで3を等分に入れる。残りのBを等分に生地にのせて、190℃のオーブンで18〜20分焼く。
5　焼き上がったらフォークなどを使って型からマフィンを取り出し、ケーキクーラーに移して粗熱をとる。

しっとりマフィン

ザッハトルテマフィン

たっぷりとつけたチョコレートアイシングがリッチな味わい。
マフィンならではの軽やかさで新感覚のオーストリアの伝統菓子、
ザッハトルテに出会えます。

材料（直径7cmのマフィン型6個分）
卵　1個
植物油　60g
ヨーグルト　50g
牛乳　50g
バニラオイル　少々
A
　薄力粉　80g
　ココアパウダー　20g
　アーモンドパウダー　20g
　ベーキングパウダー　小さじ1
　きび砂糖　70g
　塩　少々
アイシング
　スイートチョコレート
　　（カカオ55％）　70g
　粉糖　40g
　水　30g

下準備
○卵を室温にもどす。
○Aを合わせてふるう。
○型にマフィン用グラシン紙を敷く。
○オーブンを190℃に予熱する。
○チョコレートを刻む。

作り方
1 ボウルに卵を割り入れて泡立て器で溶きほぐす。植物油を少しずつ加えながら、そのつど泡立て器でよく混ぜて乳化させる。
2 ヨーグルトを一度に加え、かたまりがなくなるまで泡立て器で混ぜる。牛乳、バニラオイルを順に加え、そのつどよく混ぜて乳化させる。
3 Aを一度に加え、ボウルを回しながらゴムべらで底から生地を返すように混ぜる。粉っぽさがなくなったら混ぜ終わり。
4 グラシン紙を敷いた型に、スプーンで3を等分に入れる。190℃のオーブンで18〜20分焼く。
5 焼き上がったらフォークなどを使って型からマフィンを取り出し、ケーキクーラーに移して粗熱をとる。
6 アイシングを作る。耐熱ボウルにチョコレートを入れ、電子レンジで1分加熱する。粉糖を一度に加えてゴムべらで混ぜ、水を4〜5回に分けて加え、そのつどよく混ぜる。
7 5を手で持って6のボウルにつける（写真a）。上部をアイシングに浸して、まんべんなくつけたら引き上げ（写真b）、ケーキクーラーにのせて乾かす。

Part 1

BLUEBERRY CHEESE CAKE MUFFIN
ブルーベリーチーズケーキマフィン　作り方→p28

RASPBERRY, COCONUT MUFFIN
ラズベリー・ココナッツマフィン　作り方→p28

しっとりマフィン

LEMON CAKE MUFFIN
レモンケーキマフィン　作り方→p29

Part 1

ブルーベリー
チーズケーキマフィン

相性のよいブルーベリーとクリームチーズのマフィンです。
お気に入りの紅茶と一緒にティータイムを楽しんで。

材料（直径7cmのマフィン型6個分）
クリームチーズ　80g
グラニュー糖　70g
卵　1個
植物油　30g
牛乳　60g
レモンの皮　1/3個分
A
　薄力粉　120g
　ベーキングパウダー　小さじ1
ブルーベリー（生または冷凍）　50g
トッピング
　ブルーベリー（生または冷凍）　適量
　クリームチーズ　20g

下準備
○卵とクリームチーズを室温にもどす。
○Aを合わせてふるう。
○レモンの皮はすりおろす。
○型にマフィン用グラシン紙を敷く。
○オーブンを190℃に予熱する。

作り方
1. ボウルにクリームチーズを入れ、ゴムべらでクリーム状に練る。グラニュー糖を加え、泡立て器でなめらかになるまで混ぜる。
2. 別のボウルに卵を割り入れて泡立て器で溶きほぐす。1に3〜4回に分けて加え、そのつどよく混ぜる。
3. 植物油、牛乳を順に少しずつ加えながら、そのつど泡立て器でよく混ぜて乳化させ、レモンの皮のすりおろしを入れる。
4. Aを一度に加え、ボウルを回しながらゴムべらで底から生地を返すように混ぜる。少し粉が残る状態になったら、ブルーベリーを加え、サッと混ぜ合わせる。
5. グラシン紙を敷いた型に、スプーンで4を等分に入れる。トッピングを等分に生地にのせて、190℃のオーブンで18〜20分焼く。
6. 焼き上がったらフォークなどを使って型からマフィンを取り出し、ケーキクーラーに移して粗熱をとる。

ラズベリー・
ココナッツマフィン

ラズベリーの赤い色がポイントになった、見た目もキュートなマフィンです。
焼き上がったあとの香ばしいココナッツの味と食感がアクセントに。

材料（直径7cmのマフィン型6個分）
卵　1個
植物油　70g
ヨーグルト　60g
牛乳　60g
キルシュ（あれば）　小さじ2
A
　薄力粉　130g
　ベーキングパウダー　小さじ1
　グラニュー糖　80g
ラズベリー（生または冷凍）　30g
ココナッツファイン　15g
トッピング
　ラズベリー（生または冷凍）　適量
　ココナッツファイン　適量

下準備
○卵を室温にもどす。
○Aを合わせてふるう。
○型にマフィン用グラシン紙を敷く。
○オーブンを190℃に予熱する。

作り方
1. ボウルに卵を割り入れて泡立て器で溶きほぐす。植物油を少しずつ加えながら、そのつど泡立て器でよく混ぜて乳化させる。
2. ヨーグルトを一度に加え、かたまりがなくなるまで泡立て器で混ぜる。牛乳、キルシュを順に加え、そのつどよく混ぜて乳化させる。
3. Aを一度に加え、ボウルを回しながらゴムべらで底から生地を返すように混ぜる。少し粉が残る状態になったら、ラズベリーとココナッツファインを加え、サッと混ぜ合わせる。
4. グラシン紙を敷いた型に、スプーンで3を等分に入れる。トッピングを等分に生地にのせて、190℃のオーブンで22分焼く。
5. 焼き上がったらフォークなどを使って型からマフィンを取り出し、ケーキクーラーに移して粗熱をとる。

● ココナッツファイン
ココナッツを粗く刻んで乾燥させたもの。甘い香りとザクッとした食感を楽しめ、お菓子のトッピングなどにもよく使われる。

しっとりマフィン

レモンケーキマフィン

とろりとかかったレモンアイシングにレモンの皮を添えて。
酸味と生地の甘さのバランスがよく、ついつい手が伸びるおいしさです。

材料（直径7cmのマフィン型6個分）
卵　1個
植物油　70g
ヨーグルト　60g
牛乳　50g
レモン汁　10g
レモンの皮　½個分
A
　薄力粉　130g
　ベーキングパウダー　小さじ1
　グラニュー糖　80g
アイシング
　粉糖　60g
　レモン汁　10g
　水　適量
トッピング
　レモンの皮　適量

下準備
○卵を室温にもどす。
○Aを合わせてふるう。
○生地に入れるレモンの皮はすりおろす。
○型にマフィン用グラシン紙を敷く。
○オーブンを190℃に予熱する。

作り方

1　ボウルに卵を割り入れて泡立て器で溶きほぐす。植物油を少しずつ加えながら、そのつど泡立て器でよく混ぜて乳化させる。
2　ヨーグルトを一度に加え、かたまりがなくなるまで泡立て器で混ぜる。牛乳、レモン汁、レモンの皮のすりおろしを順に加え、そのつどよく混ぜて乳化させる。
3　Aを一度に加え、ボウルを回しながらゴムべらで底から生地を返すように混ぜる。粉っぽさがなくなったら混ぜ終わり。
4　グラシン紙を敷いた型に、スプーンで3を等分に入れる。190℃のオーブンで20分焼く。
5　焼き上がったらフォークなどを使って型からマフィンを取り出し、ケーキクーラーに移して粗熱をとる。
6　アイシングを作る。ボウルに粉糖を入れ、レモン汁を一度に加えてスプーンでよく混ぜる。硬い場合は水を少しずつ加えて調整し、とろっとなめらかな状態にする（写真a）。
7　6をスプーンですくって5の表面にのせ、スプーンの背で丸くのばす（写真b）。ゼスターでレモンの皮を削り取って飾り、ケーキクーラーにのせて乾かす。

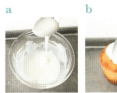

● ゼスター
レモンやオレンジなどの皮を削り取ったり、細かくすりおろしたりする道具。写真は皮の表面を削り取るタイプ。他にもいろいろな形状がある。

Part 1

MATCHA GREEN TEA SESAME SABLE MUFFIN
抹茶ごまサブレマフィン　作り方→p32

RED BEAN COCOA MUFFIN
あずきココアマフィン　作り方→p33

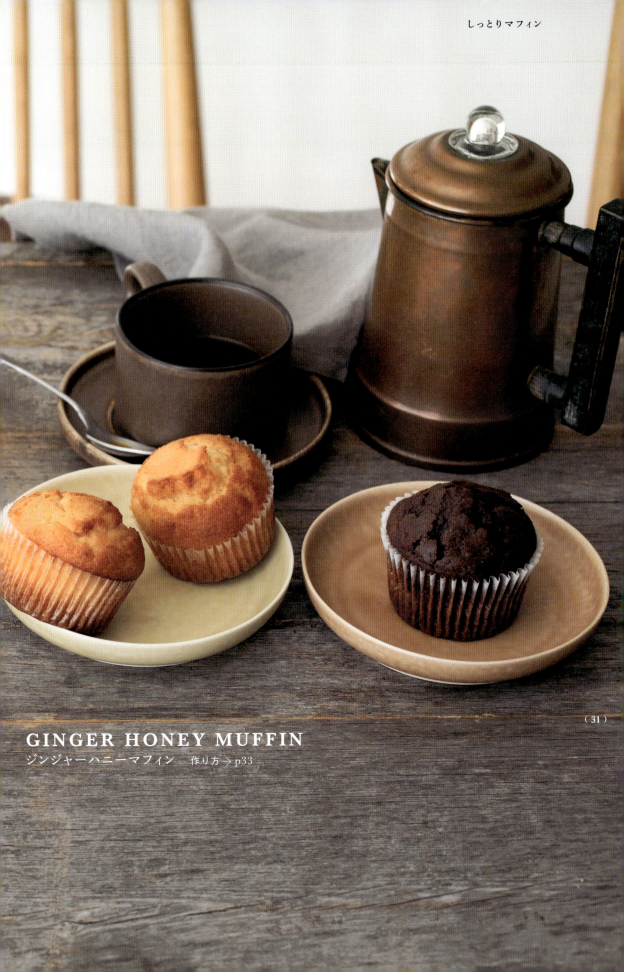

しっとりマフィン

GINGER HONEY MUFFIN
ジンジャーハニーマフィン　作り方→p33

抹茶ごまサブレマフィン

抹茶の風味と香ばしいごまの香りのクッキー生地がよく合います。
7個分の生地になりますが、プリン型などを使ってもきれいに焼けます。

材料（直径7cmのマフィン型6個＋
直径7cmのプリンカップ1個分）
卵　1個
植物油　70g
抹茶　5g
ヨーグルト　60g
牛乳　50g
A
　薄力粉　120g
　ベーキングパウダー　小さじ1
　きび砂糖　80g
ごまサブレ生地
　B
　　薄力粉　40g
　　きび砂糖　20g
　　アーモンドパウダー　15g
　　塩　少々
　植物油　20g
　黒炒りごま　大さじ1

下準備
○卵を室温にもどす。
○A、Bをそれぞれ合わせてふるう。
○型とプリンカップにマフィン用グラシン紙を敷く。
○オーブンを190℃に予熱する。

作り方
1　ごまサブレ生地を作る。ボウルにBを入れ、植物油を一度に加えてゴムべらで混ぜる。ポロポロになってきたらごまを加え、ひとつにまとめ、棒状にしてカードで7等分に分ける、それぞれ手で丸めて台にのせ、上から押さえて直径6cmの円形にする（P21参照）。
2　ボウルに卵を割り入れて泡立て器で溶きほぐす。植物油を少しずつ加えながら、そのつど泡立て器でよく混ぜて乳化させる。
3　抹茶を加えてよく混ぜ、ヨーグルトを一度に加え、かたまりがなくなるまで泡立て器で混ぜる。牛乳を加え、よく混ぜて乳化させる。
4　Aを一度に加え、ボウルを回しながらゴムべらで底から生地を返すように混ぜる。粉っぽさがなくなったら混ぜ終わり。
5　グラシン紙を敷いた型とグラシン紙を入れたプリンカップを1つ用意し、スプーンで4を等分に入れる。1を1枚ずつのせて、190℃のオーブンで18〜20分焼く。
6　焼き上がったらフォークなどを使って型とカップからマフィンを取り出し、ケーキクーラーに移して粗熱をとる。

しっとりマフィン

あずきココアマフィン

ほんのりビターなココア生地に和テイストのあずきをプラスすることでしっとりとした食感に。意外な組み合わせですが相性は抜群です。

材料（直径7cmのマフィン型6個分）
- 卵 1個
- 植物油 60g
- ヨーグルト 40g
- ゆであずき 100g
- 牛乳 50g
- A
  - 薄力粉 100g
  - ココアパウダー 20g
  - ベーキングパウダー 小さじ1
  - きび砂糖 60g
  - 塩 少々

下準備
（＊は「ジンジャーハニーマフィン」と共通）
- 卵を室温にもどす。＊
- Aを合わせてふるう。＊
- 型にマフィン用グラシン紙を敷く。＊
- オーブンを190℃に予熱する。＊

作り方
1. ボウルに卵を割り入れて泡立て器で溶きほぐす。植物油を少しずつ加えながら、そのつど泡立て器でよく混ぜて乳化させる。
2. ヨーグルトを一度に加え、かたまりがなくなるまで泡立て器で混ぜる。ゆであずき、牛乳を順に加え、そのつどよく混ぜて乳化させる。
3. Aを一度に加え、ボウルを回しながらゴムべらで底から生地を返すように混ぜる。粉っぽさがなくなったら混ぜ終わり。
4. グラシン紙を敷いた型に、スプーンで3を等分に入れる。190℃のオーブンで18〜20分焼く。
5. 焼き上がったらフォークなどを使って型からマフィンを取り出し、ケーキクーラーに移して粗熱をとる。

ジンジャーハニーマフィン

ジンジャーとはちみつを使ったマフィン。食べると体がポカポカしてくるような、ほんのりとしたやさしい味わいです。

材料（直径7cmのマフィン型6個分）
- 卵 1個
- 植物油 70g
- はちみつ 20g
- ヨーグルト 40g
- 牛乳 40g
- ショウガの絞り汁 5g
- A
  - 薄力粉 120g
  - ベーキングパウダー 小さじ1
  - シナモンパウダー 小さじ1/4
  - グラニュー糖 60g

下準備
- 「あずきココアマフィン」の下準備＊を参照して同様に準備する。

作り方
1. 「あずきココアマフィン」の作り方1を参照して同様に作る。
2. はちみつ、ヨーグルト、牛乳、ショウガの絞り汁を順に加え、そのつど泡立て器でよく混ぜて乳化させる。
3. 「あずきココアマフィン」の作り方3〜5を参照して同様に作る。

Part 1

MADELEINE MUFFIN
マドレーヌマフィン　作り方→p36

WHITE WINE & RAISINS MUFFIN
白ワインとレーズンマフィン　作り方→p36

しっとりマフィン

ORANGE, SOUR CREAM MUFFIN
オレンジ・サワークリームマフィン　作り方→p37

マドレーヌマフィン

使う材料は6種類のみと、とてもシンプル。バターを使わなくても
しっとりとしたコクのある生地になり、マドレーヌの風味を楽しめます。

材料（直径7cmのマフィン型6個分）
卵　2個
植物油　80g
A
　薄力粉　80g
　アーモンドパウダー　10g
　ベーキングパウダー　小さじ1
　グラニュー糖　80g

下準備
（＊は「白ワインとレーズンマフィン」と共通）
○卵を室温にもどす。＊
○Aを合わせてふるう。＊
○型にマフィン用グラシン紙を敷く。＊
○オーブンを190℃に予熱する。＊

作り方
1　ボウルに卵を割り入れて泡立て器で溶きほぐす。植物油を少しずつ加えながら、そのつどよく混ぜて乳化させる。
2　Aを一度に加え、ボウルを回しながらゴムべらで底から生地を返すように混ぜる。粉っぽさがなくなったら混ぜ終わり。
3　グラシン紙を敷いた型に、スプーンで2を等分に入れる。190℃のオーブンで18分焼く。
4　焼き上がったらフォークなどを使って型からマフィンを取り出し、ケーキクーラーに移して粗熱をとる。

白ワインとレーズンマフィン

白ワインの香りが口にふわっと広がる、ふくよかな味わいです。
レーズンをワインに浸すとふっくらとして風味も増します。

材料（直径7cmのマフィン型6個分）
卵　1個
植物油　70g
ヨーグルト　40g
A
　薄力粉　120g
　アーモンドパウダー　10g
　ベーキングパウダー　小さじ1
　グラニュー糖　70g
B
　レーズン　40g
　白ワイン　50g

下準備
○Bのレーズンを熱湯（分量外）にサッとくぐらせて水気をきる。白ワインに浸して5分ほど置く。
○上記以外は「マドレーヌマフィン」の下準備＊を参照して同様に準備する。

作り方
1　ボウルに卵を割り入れて泡立て器で溶きほぐす。植物油を少しずつ加えながら、そのつどよく混ぜて乳化させる。
2　ヨーグルトを一度に加え、かたまりがなくなるまで泡立て器で混ぜる。Bを白ワインごと加え、よく混ぜて乳化させる。
3　「マドレーヌマフィン」の作り方2〜4を参照して同様に作る。

しっとりマフィン

オレンジ・サワークリームマフィン

オレンジの鮮やかな色が食欲をそそるマフィン。
フレッシュの果物を使う場合は、しっかりと水分をきるのがおいしく焼くコツです。
サワークリームとはちみつのトッピングは焼き込まず、
ディップにしてもおいしいです。

材料（直径7cmのマフィン型6個分）
卵　1個
植物油　70g
ヨーグルト　40g
オレンジジュース（果汁100％）　50g
オレンジの皮　1/3個分
A
　薄力粉　120g
　ベーキングパウダー　小さじ1
　グラニュー糖　60g
トッピング
B
　サワークリーム　30g
　はちみつ　10g
オレンジの実（生）　1個分

下準備
○卵を室温にもどす。
○Aを合わせてふるう。
○オレンジの皮をすりおろしたあと、実を取り出す。房袋を取ってペーパータオルにのせ水気をきる（写真a）、さらに上からペーパータオルで押さえてしっかりと水分をきる（写真b）。
○Bを混ぜ合わせる。
○型にマフィン用グラシン紙を敷く。
○オーブンを190℃に予熱する。

作り方

1　ボウルに卵を割り入れて泡立て器で溶きほぐす。植物油を少しずつ加えながら、そのつど泡立て器でよく混ぜて乳化させる。
2　ヨーグルトを一度に加え、かたまりがなくなるまで泡立て器で混ぜる。オレンジジュース、オレンジの皮のすりおろしを順に加え、そのつどよく混ぜて乳化させる。
3　Aを一度に加え、ボウルを回しながらゴムべらで底から生地を返すように混ぜる。粉っぽさがなくなったら混ぜ終わり。
4　グラシン紙を敷いた型に、スプーンで3を等分に入れる。Bを等分にのせ、オレンジの実を1〜2切れずつのせて、190℃のオーブンで22分焼く。
5　焼き上がったらフォークなどを使って型からマフィンを取り出し、ケーキクーラーに移して粗熱をとる。

a　b

Part 2

ふわふわマフィン

メレンゲを合わせた、ふわふわの食感が楽しめるマフィンです。粉の量も少なく、オイルも使っていないため、軽い口当たりに仕上がります。水分を含まないドライフルーツや紅茶、ハーブなどと相性がよいので、お好みでアレンジしてみてください。メレンゲをしっかり泡立てるのがおいしく作るポイントです。

BASIC, PLAIN MUFFIN
基本のふわふわマフィン・プレーン　作り方→p40

Part 2

基本のふわふわマフィン・プレーン

メレンゲをしっかりと泡立てるのがポイント。たっぷりとかけた
粉糖のおかげで表面はサクッ、中はふわっとした食感が楽しめます。

材料（直径7cmのマフィン型6個分）
卵黄　2個分
バニラオイル　少々
卵白　2個分
グラニュー糖　50g
A
　薄力粉　50g
　アーモンドパウダー　10g
粉糖　適量

下準備
○卵白は冷蔵庫に入れて冷やしておく。
○Aを合わせてふるう。
○型にマフィン用グラシン紙を敷く。
○オーブンを180℃に予熱する。

作り方

1 卵黄にバニラオイルを加える

容器に卵黄を入れてゴムべらで溶きほぐし、バニラオイルを加えて混ぜる。

2 メレンゲを作る

冷やした卵白をボウルに入れてハンドミキサーの高速で泡立てる。

白っぽく泡立ってきたらグラニュー糖を3～4回に分けて加えながら泡立てる。

3 メレンゲに卵黄を加える

しっかりとした硬いメレンゲになるまで泡立て、ハンドミキサーを持ち上げて角が立ったら混ぜ終わり。

メレンゲに1を一度に加え、ゴムべらでサッと混ぜる。

メレンゲと1が完全に混ざりきる前の、卵黄の黄色い筋が残っている状態で止める。

ふわふわマフィン

4 粉を加える

Aを2〜3回に分けて加え、ゴムべらでそのつど練らずにさっくりと混ぜる。

ボウルを回しながら、メレンゲの泡を消さないように底から生地を返すように混ぜる。

粉っぽさがなくなり、ゴムべらを逆さにしても生地が落ちないくらいの硬さが混ぜ終わり。

5 焼く

POINT
粉糖をふるいかけることで、さっくりとした表面に仕上がります。

6 型から取り出す

グラシン紙を敷いた型に、スプーンで4を等分に入れる。

表面に茶こしで粉糖をふる。2回ずつたっぷりふったら、180℃のオーブンで15分焼く。

焼き上がったらフォークなどを使って型からマフィンを取り出し、ケーキクーラーに移して粗熱をとる。

COCOA CHOCOLATE CHIPS MUFFIN
ココアチョコチップマフィン　作り方→p14

ふわふわマフィン

COFFEE NUTS MUFFIN
コーヒーナッツマフィン 作り方→p.

ココアチョコチップマフィン

半分に割るとココアの濃厚な色が登場するサプライズ感のあるマフィン。チョコレートチップの甘さがココアの風味を引き立てます。

材料（直径7cmのマフィン型6個分）
- 卵黄　2個分
- バニラオイル　少々
- 卵白　2個分
- グラニュー糖　50g
- A
  - 薄力粉　40g
  - ココアパウダー　20g
- チョコレートチップ　30g
- 粉糖　適量

下準備
- 卵白は冷蔵庫に入れて冷やしておく。
- Aを合わせてふるう。
- 型にマフィン用グラシン紙を敷く。
- オーブンを180℃に予熱する。

作り方
1. 容器に卵黄を入れてゴムべらで溶きほぐし、バニラオイルを加えて混ぜる。
2. 冷やした卵白をボウルに入れてハンドミキサーの高速で泡立てる。白っぽく泡立ってきたらグラニュー糖を3～4回に分けて加えながら、角が立つまでしっかりと泡立てる。
3. 2に1を一度に加え、ゴムべらでサッと混ぜる。メレンゲと卵黄が完全に混ざりきる前の、卵黄の黄色い筋が残っている状態まで混ぜる。
4. Aを2～3回に分けて加え、そのつどボウルを回しながら、ゴムべらでメレンゲの泡を消さないように底から生地を返すように混ぜる。粉っぽさがなくなったら、チョコレートチップを加えてさっくりと混ぜる。
5. グラシン紙を敷いた型に、スプーンで4を等分に入れる。表面に茶こしで粉糖をふる。2回ずつたっぷりふったら、180℃のオーブンで15分焼く。
6. 焼き上がったらフォークなどを使って型からマフィンを取り出し、ケーキクーラーに移して粗熱をとる。

コーヒーナッツマフィン

噛みしめると口の中に香ばしさとほのかな苦みが広がります。
インスタントコーヒーの粒と刻んだくるみがほどよいアクセントに。

材料（直径7cmのマフィン型6個分）
卵黄　2個分
ヨーグルト　小さじ1
卵白　2個分
グラニュー糖　50g
A
　薄力粉　50g
　アーモンドパウダー　10g
インスタントコーヒー（フリーズドライ）
　大さじ1
粉糖　適量
くるみ（ロースト）　30g

下準備
○卵白は冷蔵庫に入れて冷やしておく。
○Aを合わせてふるう。
○くるみを粗く刻む。
○型にマフィン用グラシン紙を敷く。
○オーブンを180℃に予熱する。

作り方
1 容器に卵黄を入れてゴムべらで溶きほぐし、ヨーグルトを加えて混ぜる。
2 冷やした卵白をボウルに入れてハンドミキサーの高速で泡立てる。白っぽく泡立ってきたらグラニュー糖を3〜4回に分けて加えながら、角が立つまでしっかりと泡立てる。
3 2に1を一度に加え、ゴムべらでサッと混ぜる。メレンゲと卵黄が完全に混ざりきる前の、卵黄の黄色い筋が残っている状態まで混ぜる。
4 Aを2〜3回に分けて加え、そのつどボウルを回しながら、ゴムべらでメレンゲの泡を消さないように底から生地を返すように混ぜる。粉っぽさがなくなったら、インスタントコーヒーを加えてさっくりと混ぜる。
5 グラシン紙を敷いた型に、スプーンで4を等分に入れる。表面に茶こしで粉糖をふる。2回ずつたっぷりふったら、くるみを散らして180℃のオーブンで15分焼く。
6 焼き上がったらフォークなどを使って型からマフィンを取り出し、ケーキクーラーに移して粗熱をとる。

PINEAPPLE, ROSEMARY MUFFIN
パイナップル・ローズマリーマフィン

フレッシュなローズマリーの香りとドライパイナップルのほのかな酸味がさわやか。ドライパイナップルをヨーグルトでコーティングすることで、焼いた後も硬くなりません。

MATCHA GREEN TEA, CRANBERRY MUFFIN
抹茶・クランベリーマフィン

生地を割ったら鮮やかなグリーンにベリーが映える、抹茶とドライクランベリーの意外な組み合わせ。抹茶の風味とフルーツの酸味のハーモニーが心地よく口の中に広がります。

パイナップル・ローズマリーマフィン

材料（直径7cmのマフィン型6個分）
卵黄　2個分
バニラオイル　少々
卵白　2個分
グラニュー糖　40g

A
　薄力粉　50g
　アーモンドパウダー　10g

B
　ドライパイナップル　40g
　ヨーグルト　10g

ローズマリー（フレッシュ）　適量
粉糖　適量

下準備
（＊は「抹茶・クランベリーマフィン」と共通）
○卵白は冷蔵庫に入れて冷やしておく。＊
○**A**を合わせてふるう。＊
○**B**のドライパイナップルは1cm角に切り、ヨーグルトで和える。
○生地に入れるローズマリー（小枝1本）は葉を摘んで刻む。
○型にマフィン用グラシン紙を敷く。＊
○オーブンを180℃に予熱する。＊

作り方
1. 容器に卵黄を入れてゴムべらで溶きほぐし、バニラオイルを加えて混ぜる。
2. 冷やした卵白をボウルに入れてハンドミキサーの高速で泡立てる。白っぽく泡立ってきたらグラニュー糖を3〜4回に分けて加えながら、角が立つまでしっかりと泡立てる。
3. **2**に**1**を一度に加え、ゴムべらでサッと混ぜる。メレンゲと卵黄が完全に混ざりきる前の、卵黄の黄色い筋が残っている状態まで混ぜる。
4. **A**を2〜3回に分けて加え、そのつどボウルを回しながら、ゴムべらでメレンゲの泡を消さないように底から生地を返すように混ぜる。粉っぽさがなくなったら、**B**と刻んだローズマリーの葉を加えてさっくりと混ぜる。
5. グラシン紙を敷いた型に、スプーンで**4**を等分に入れる。表面に茶こしで粉糖をふる。2回ずつたっぷりふったら、ローズマリーの枝をちぎってのせて、180℃のオーブンで15分焼く。
6. 焼き上がったらフォークなどを使って型からマフィンを取り出し、ケーキクーラーに移して粗熱をとる。

抹茶・クランベリーマフィン

材料（直径7cmのマフィン型6個分）
卵黄　2個分
ヨーグルト　小さじ1
卵白　2個分
グラニュー糖　50g

A
　薄力粉　50g
　抹茶　5g

ドライクランベリー　30g
粉糖　適量

下準備
○ドライクランベリーは熱湯（分量外）にサッとくぐらせ、ペーパータオルで水気を拭き取る。
○上記以外は「パイナップル・ローズマリーマフィン」の下準備＊を参照して同様に準備する。

作り方
1. 容器に卵黄を入れてゴムべらで溶きほぐし、ヨーグルトを加えて混ぜる。
2. 「パイナップル・ローズマリーマフィン」の作り方**2**、**3**を参照して同様に作る。
3. **A**を2〜3回に分けて加え、そのつどボウルを回しながら、ゴムべらでメレンゲの泡を消さないように底から生地を返すように混ぜる。粉っぽさがなくなったら、クランベリーを加えてさっくりと混ぜる。
4. 「パイナップル・ローズマリーマフィン」の作り方**5**、**6**を参照して、ローズマリーの枝をのせる以外は同様に作る。

CHAI MUFFIN
チャイマフィン　作り方→p50

TEA, DRIED FIG MUFFIN
紅茶・ドライいちじくマフィン　作り方→p50

ふわふわマフィン

MONT BLANC MUFFIN
モンブランマフィン　作り方→p51

Part 2

チャイマフィン

スパイスをブレンドして作った香り高いチャイペーストがポイント。
生地に加えるときは、マーブル状にすると割ったときの楽しさがアップします。

材料（直径7cmのマフィン型6個分）
- 卵黄　2個分
- ヨーグルト　小さじ1
- 卵白　2個分
- グラニュー糖　40g
- A
  - 薄力粉　60g
  - アールグレイティー（ティーバッグ）　1袋
- チャイペースト
  - きび砂糖　30g
  - シナモンパウダー　小さじ½
  - カルダモンパウダー、
  - ジンジャーパウダー　各小さじ¼
  - 植物油　10g
  - 牛乳　10g
- 粉糖　適量

下準備
（＊は「紅茶・ドライいちじくマフィン」と共通）
- 卵白は冷蔵庫に入れて冷やしておく。＊
- Aの薄力粉をふるい、袋から出した茶葉を混ぜ合わせておく。＊
- 型にマフィン用グラシン紙を敷く。＊
- オーブンを180℃に予熱する。＊

作り方
1. チャイペーストの材料をボウルに入れ、混ぜ合わせておく（写真a）。
2. 容器に卵黄を入れてゴムべらで溶きほぐし、ヨーグルトを加えて混ぜる。
3. 冷やした卵白をボウルに入れてハンドミキサーの高速で泡立てる。白っぽく泡立ってきたらグラニュー糖を3～4回に分けて加えながら、角が立つまでしっかりと泡立てる。
4. 3に2を一度に加え、ゴムべらでサッと混ぜる。メレンゲと卵黄が完全に混ざりきる前の、卵黄の黄色い筋が残っている状態まで混ぜる。
5. Aを2～3回に分けて加え、ボウルを回しながら、ゴムべらでメレンゲの泡を消さないように底から生地を返すように混ぜる。粉っぽさがなくなったら、⅔量の1を加えてサッと混ぜる。
6. グラシン紙を敷いた型に、スプーンで5を等分に入れる。残りの1をスプーンで等分に上からのせて、軽く混ぜてマーブル状にする。上から茶こしで粉糖をふる。2回ずつたっぷりふったら、180℃のオーブンで15分焼く。
7. 焼き上がったらフォークなどを使って型からマフィンを取り出し、ケーキークーラーに移して粗熱をとる。

a

● スパイスパウダー
左からカルダモン、シナモン、ジンジャー。分量を調整すると、好みの香りにブレンドできます。

紅茶・ドライいちじくマフィン

紅茶と相性のよいドライいちじくの
ツブツブ感が楽しいマフィンです。

材料（直径7cmのマフィン型6個分）
- 卵黄　2個分
- ヨーグルト　大さじ1
- 卵白　2個分
- グラニュー糖　50g
- A
  - 薄力粉　50g
  - アールグレイティー（ティーバッグ）　1袋
- ドライいちじく　50g
- 粉糖　適量

下準備
- ドライいちじくは1cm角に切る。
- 上記以外は「チャイマフィン」の下準備＊を参照して同様に準備する。

作り方
1. 「チャイマフィン」の作り方2～4を参照して同様に作る。
2. Aを2～3回に分けて加え、そのつどボウルを回しながら、ゴムべらでメレンゲの泡を消さないように底から生地を返すように混ぜる。粉っぽさがなくなったら、ドライいちじくを加えてさっくりと混ぜる。
3. グラシン紙を敷いた型に、スプーンで2を等分に入れる。表面に茶こしで粉糖をふる。2回ずつたっぷりふったら、180℃のオーブンで15分焼く。
4. 「チャイマフィン」の作り方7を参照して同様に粗熱をとる。

モンブランマフィン

ふわふわマフィンはクリームとベストマッチ。
基本のマフィンと、市販のマロンペーストで、
手間のかかるモンブランも簡単にできます。

材料（直径7cmのマフィン型6個分）
卵黄　2個分
バニラオイル　少々
卵白　2個分
グラニュー糖　50g
A
　薄力粉　50g
　アーモンドパウダー　10g
モンブランクリーム
　生クリーム　130g
　マロンペースト　100g
　牛乳　大さじ1
　ラム酒（ダーク）　小さじ1
粉糖　適量
栗の渋皮煮　3個

下準備
○卵白は冷蔵庫に入れて冷やしておく。
○Aを合わせてふるう。
○栗の渋皮煮は半分に切る。
○型にマフィン用グラシン紙を敷く。
○オーブンを180℃に予熱する。

作り方
1　容器に卵黄を入れてゴムべらで溶きほぐし、バニラオイルを加えて混ぜる。
2　冷やした卵白をボウルに入れてハンドミキサーの高速で泡立てる。白っぽく泡立ってきたらグラニュー糖を3～4回に分けて加えながら、角が立つまでしっかりと泡立てる。
3　2に1を一度に加え、ゴムべらでサッと混ぜる。メレンゲと卵黄が完全に混ざりきる前の、卵黄の黄色い筋が残っている状態まで混ぜる。
4　Aを2～3回に分けて加え、そのつどボウルを回しながら、ゴムべらでメレンゲの泡を消さないように底から生地を返すように混ぜる。粉っぽさがなくなったら、混ぜ終わり。
5　グラシン紙を敷いた型に、スプーンで4を等分に入れる。表面に茶こしで粉糖をふる。2回ずつたっぷりふったら、180℃のオーブンで15分焼く。
6　焼き上がったらフォークなどを使って型からマフィンを取り出し、ケーキクーラーに移して完全に冷ます。
7　モンブランクリームを作る。ボウルに生クリームを入れ、底を氷水に当てながらハンドミキサーの高速で七分立て（すくうと角が立たない状態）にする。
8　別のボウルにマロンペーストを入れ、ハンドミキサーの高速で混ぜて柔らかくする。牛乳、ラム酒を順に加えてそのつどよく混ぜる。
9　8のボウルの底を氷水に当て、7をスプーンでひとすくい加え、ゴムべらでムラがなくなるまでよく混ぜる。残りの7を2回に分けて加え、そのつどゴムべらでさっくりと混ぜる。
10　直径1cmの星口金を絞り袋に入れ、指で押してしっかりと固定する（写真a）。筒状のカップに絞り袋の口金を下にして入れ、入れ口を広げて折り曲げ（写真b）、9を入れる。
11　6の中心にストローを半分の深さまで刺し（写真c）、直径1cmほどの穴をあける（写真d）。穴から10のクリームを絞り入れ、続けて表面にも丸くクリームを絞り重ね、粉糖を茶こしでふって栗の渋皮煮を1切れずつのせる。

a	b	c	d

Part 3

ほろほろマフィン

スコーンやビスケットのような、ほろほろとした食感を楽しめるマフィンです。水分の少ない配合なので、粉を加えたらとにかく練らずにサッと混ぜるのがコツ。混ぜすぎてグルテンが多くなってしまうと硬い生地になるので注意しましょう。スコーン感覚で、クリームやメープルシロップをつけてもおいしくいただけます。

BASIC, PLAIN MUFFIN
基本のほろほろマフィン・プレーン　作り方→p54

Part 3

基本のほろほろマフィン・プレーン

サクッ、ほろっとしたスコーンのような食感。プレーンタイプはジャムやクリームとの相性も抜群なので、お好みの組み合わせを楽しんでください。

材料（直径7cmのマフィン型5個分）
卵　1/2個
植物油　50g
ヨーグルト　10g
牛乳　70g
バニラオイル　少々

A
┌ 薄力粉　120g
│ コーンスターチ　20g
│ ベーキングパウダー　小さじ1と1/3
└ きび砂糖　60g

下準備
○卵を室温にもどす。
○Aを合わせてふるう。
○型にマフィン用グラシン紙を敷く。
○オーブンを190℃に予熱する。

作り方

1 卵に植物油を混ぜる

ボウルに卵を入れて泡立て器で溶きほぐす。

植物油を少しずつ加えながら、そのつど泡立て器でよく混ぜて乳化させる。

植物油と卵が分離せず、卵液がとろっとした状態になるまで混ぜる。

2 ヨーグルトなどを加える

ヨーグルトを一度に加え、かたまりがなくなるまで泡立て器で混ぜる。

牛乳を加え、よく混ぜて乳化させる。

バニラオイルを加えよく混ぜる。

ほろほろマフィン

3 粉を加える

Aを一度に加える。

ボウルを回しながら、ゴムべらで底から生地を返すようにして、練らずにさっくりと混ぜる。粉っぽさがなくなったら混ぜ終わり。

POINT
粉が見えなくなったら、必ず混ぜるのを止めてください。混ぜすぎるとほろほろとした食感に仕上がらないので注意しましょう。

4 焼く

グラシン紙を敷いた型に、スプーンで3を等分に流し入れ、190℃のオーブンで18〜20分焼く。

5 型から取り出す

焼き上がったらフォークなどを使って型からマフィンを取り出し、ケーキクーラーに移して粗熱をとる。

Part 3

MAPLE MUFFIN
メープルマフィン　作り方→p58

ほろほろマフィン

PEANUT BUTTER, CRUMBLE MUFFIN
ピーナッツバター・クランブルマフィン　作り方→p59

GRANOLA MUFFIN
グラノーラマフィン　作り方→p59

メープルマフィン

メープルシロップのしみ込んだほろほろ生地は、
ほどよい甘さに香ばしさが加わって、子どもから大人まで好まれる味です。

材料（直径7cmのマフィン型5個分）
卵　1/2個
植物油　50g
ヨーグルト　10g
牛乳　70g
メープルオイル（あれば）　少々
A
　薄力粉　120g
　コーンスターチ　20g
　ベーキングパウダー　小さじ1と1/3
　きび砂糖　50g
メープルシロップ　30g

下準備
○卵を室温にもどす。
○Aを合わせてふるう。
○型にマフィン用グラシン紙を敷く。
○オーブンを190℃に予熱する。

作り方
1　ボウルに卵を入れて泡立て器で溶きほぐす。植物油を少しずつ加えながら、そのつど泡立て器でよく混ぜて乳化させる。
2　ヨーグルトを一度に加え、かたまりがなくなるまで泡立て器で混ぜる。牛乳、メープルオイルを順に加え、そのつどよく混ぜて乳化させる。
3　Aを一度に加え、ボウルを回しながらゴムべらで底から生地を返すように混ぜる。粉が少し残る状態になったら、メープルシロップを3回に分けて加え、そのつどサッと混ぜ合わせる。
4　グラシン紙を敷いた型に、スプーンで3を等分に入れる。190℃のオーブンで18～20分焼く。
5　焼き上がったらフォークなどを使って型からマフィンを取り出し、ケーキクーラーに移して粗熱をとる。

ほろほろマフィン

ピーナッツバター・クランブルマフィン

たっぷりとのせたクランブルは、食感のアクセントになるのはもちろん、食べ応えも十分。ピーナッツバターの素朴な味はマフィン生地とよく合います。

材料（直径7cmのマフィン型5個分）
- 卵　1/2個
- 植物油　40g
- ピーナッツバター　30g
- 牛乳　80g
- **A**
  - 薄力粉　120g
  - コーンスターチ　20g
  - ベーキングパウダー　小さじ1と1/3
  - きび砂糖　50g
- **クランブル**
  - **B**
    - 薄力粉　40g
    - アーモンドパウダー　20g
    - きび砂糖　20g
    - シナモンパウダー　少々
  - 植物油　20g

下準備
- 卵を室温にもどす。
- A、Bをそれぞれ合わせてふるう。
- 型にマフィン用グラシン紙を敷く。
- オーブンを190℃に予熱する。

作り方
1. クランブルを作る。ボウルにBを入れ、植物油を一気に加えてゴムべらで混ぜる。しっとりとしてきたら手で混ぜ、指先ですりつぶしながらポロポロの状態にする（P18参照）。
2. ボウルに卵を入れて泡立て器で溶きほぐす。植物油を少しずつ加えながら、そのつど泡立て器でよく混ぜて乳化させる。
3. ピーナッツバター、牛乳を順に加え、そのつどよく混ぜて乳化させる。
4. Aを一度に加え、ボウルを回しながら、ゴムべらで底から生地を返すように混ぜる。粉っぽさがなくなったら、混ぜ終わり。
5. グラシン紙を敷いた型に、スプーンで4を等分に入れる。1を等分にのせて、190℃のオーブンで20分焼く。
6. 焼き上がったらフォークなどを使って型からマフィンを取り出し、ケーキクーラーに移して粗熱をとる。

グラノーラマフィン

朝食や軽食にぴったりのグラノーラを使ったマフィン。トッピングのグラノーラは焦げやすいのでオーブンの温度を低めに設定しています。

材料（直径7cmのマフィン型5個分）
- 卵　1/2個
- 植物油　50g
- ヨーグルト　10g
- 牛乳　70g
- バニラオイル　少々
- **A**
  - 薄力粉　120g
  - コーンスターチ　20g
  - ベーキングパウダー　小さじ1と1/3
  - きび砂糖　60g
- お好みのグラノーラ　20g
- **トッピング**
  - お好みのグラノーラ　30g

下準備
- 卵を室温にもどす。
- Aを合わせてふるう。
- 型にマフィン用グラシン紙を敷く。
- オーブンを180℃に予熱する。

作り方
1. ボウルに卵を入れて泡立て器で溶きほぐす。植物油を少しずつ加えながら、そのつど泡立て器でよく混ぜて乳化させる。
2. ヨーグルトを一度に加え、かたまりがなくなるまで泡立て器で混ぜる。牛乳、バニラオイルを順に加え、そのつどよく混ぜて乳化させる。
3. Aを一度に加え、ボウルを回しながら、ゴムべらで底から生地を返すように混ぜる。少し粉が残る状態になったら、グラノーラを加え、サッと混ぜ合わせる。
4. グラシン紙を敷いた型に、スプーンで3を等分に入れる。トッピングのグラノーラを散らして、180℃のオーブンで22分焼く。
5. 焼き上がったらフォークなどを使って型からマフィンを取り出し、ケーキクーラーに移して粗熱をとる。

Part 3

STRAWBERRY SHORT BISCUIT MUFFIN
いちごのショートビスケットマフィン　作り方→p62

BROWNSUGAR SOYBEAN FLOUR MUFFIN
黒糖きなこマフィン　作り方→p63

APRICOT, ALMOND MUFFIN
アプリコット・アーモンドマフィン　作り方→p63

いちごのショートビスケットマフィン

基本のほろほろマフィンをアメリカンストロベリーショートケーキ風にアレンジ。
見た目も華やかで、おもてなしにも最適です。

材料（直径7cmのマフィン型5個分）
卵　½個
植物油　50g
ヨーグルト　10g
牛乳　70g
バニラオイル　少々
A
｜薄力粉　120g
｜コーンスターチ　20g
｜ベーキングパウダー　小さじ1と⅓
｜きび砂糖　60g
B
｜生クリーム　130g
｜グラニュー糖　大さじ1
いちご　12〜13個

下準備
○卵を室温にもどす。
○Aを合わせてふるう。
○型にマフィン用グラシン紙を敷く。
○オーブンを190℃に予熱する。
○いちごはヘタを取り、半分に割って切り口の水分をペーパータオルで拭き取る。

作り方
1　ボウルに卵を入れて泡立て器で溶きほぐす。植物油を少しずつ加えながら、そのつど泡立て器でよく混ぜて乳化させる。
2　ヨーグルトを一度に加え、かたまりがなくなるまで泡立て器で混ぜる。牛乳、バニラオイルを順に加え、そのつどよく混ぜて乳化させる。
3　Aを一度に加え、ボウルを回しながらゴムべらで底から生地を返すように混ぜる。粉っぽさがなくなったら、混ぜ終わり。
4　グラシン紙を敷いた型に、スプーンで3を等分に入れる。190℃のオーブンで18〜20分焼く。
5　焼き上がったらフォークなどを使って型からマフィンを取り出し、ケーキクーラーに移して完全に冷ます。
6　Bを合わせてボウルに入れ、底を氷水に当てながらハンドミキサーの高速で九分立てにする。
7　直径1cmの星型の口金を絞り袋に入れ、指で押してしっかりと固定する。筒状のカップに絞り袋の口金を下にして入れ、入れ口を広げて折り曲げ、6を入れる（P51参照）。
8　5を上から⅓の高さで水平にカットし、下側の切り口に7を適量絞っていちごを3切れ並べる。上から7を少量絞って5の上側をのせ、表面にも7を丸く絞っていちごを2切れ飾る。

黒糖きなこマフィン

黒糖のコクのある甘さとほっこりとしたきなこの風味は、どこか懐かしい味わいです。くるみの香ばしさがアクセント。

材料（直径7cmのマフィン型5個分）
- 卵　½個
- 植物油　50g
- ヨーグルト　10g
- 牛乳　70g
- A
  - 薄力粉　100g
  - きなこ　30g
  - ベーキングパウダー　小さじ1と⅓
  - 黒糖（粉末）　50g
- くるみ　20g
- トッピング
  - くるみ　20g

下準備（＊は「アプリコット・アーモンドマフィン」と共通）
- 卵を室温にもどす。＊
- Aを合わせてふるう。黒糖のかたまりがあればつぶしてさらにふるい、残った粒は取っておく。
- 生地に入れるくるみを粗く刻む。
- 型にマフィン用グラシン紙を敷く。＊
- オーブンを190℃に予熱する。＊

作り方
1. ボウルに卵を入れて泡立て器で溶きほぐす。植物油を少しずつ加えながら、そのつど泡立て器でよく混ぜて乳化させる。
2. ヨーグルトを一度に加え、かたまりがなくなるまで泡立て器で混ぜる。牛乳を加え、よく混ぜて乳化させる。
3. Aを一度に加え、ボウルを回しながら、ゴムべらで底から生地を返すように混ぜる。少し粉が残る状態になったら、くるみと下準備で取っておいた黒糖の粒を加え、サッと混ぜ合わせる。
4. グラシン紙を敷いた型に、スプーンで3を等分に入れる。トッピングのくるみを手で割って等分にのせて、190℃のオーブンで18分焼く。
5. 焼き上がったらフォークなどを使って型からマフィンを取り出し、ケーキクーラーに移して粗熱をとる。

アプリコット・アーモンドマフィン

ドライアプリコットはヨーグルトに浸して柔らかくもどすのがポイント。アプリコットの甘味と酸味が生地全体に広がります。

材料（直径7cmのマフィン型5個分）
- 卵　½個
- 植物油　50g
- 牛乳　70g
- バニラオイル　少々
- A
  - 薄力粉　100g
  - コーンスターチ　20g
  - アーモンドパウダー　20g
  - ベーキングパウダー　小さじ1と⅓
  - グラニュー糖　60g
- B
  - ドライアプリコット　40g
  - ヨーグルト　20g
- スライスアーモンド　適量

下準備
- Aを合わせてふるう。
- Bのドライアプリコットは1cm角に切ってヨーグルトに5分ほど浸す。
- 上記以外は「黒糖きなこマフィン」の下準備＊を参照して同様に準備する。

作り方
1. 「黒糖きなこマフィン」の作り方1を参照して同様に作る。
2. 牛乳、バニラオイルを順に加え、そのつどよく混ぜて乳化させる。
3. Aを一度に加え、ボウルを回しながら、ゴムべらで底から生地を返すように混ぜる。少し粉が残る状態になったら、Bを加え、サッと混ぜ合わせる。
4. グラシン紙を敷いた型に、スプーンで3を等分に入れる。スライスアーモンドを散らして、190℃のオーブンで18～20分焼く。
5. 焼き上がったらフォークなどを使って型からマフィンを取り出し、ケーキクーラーに移して粗熱をとる。

Part 3

(64)

CINNAMON MARBLE MUFFIN
シナモンマーブルマフィン

シナモンマーブルマフィン

プレーン生地にマーブル状に入ったシナモンペーストのスパイシーな甘さが病みつきになり、何度も繰り返し作っているマフィンです。紅茶やコーヒーのお供に最適。

材料（直径7cmのマフィン型5個分）
卵　1/2個
植物油　50g
ヨーグルト　10g
牛乳　70g
バニラオイル　少々
A
| 薄力粉　120g
| コーンスターチ　20g
| ベーキングパウダー　小さじ1と1/3
| きび砂糖　50g
シナモンペースト
| きび砂糖　30g
| シナモンパウダー　小さじ1
| 植物油　10g
| 牛乳　10g

下準備
○卵を室温にもどす。
○Aを合わせてふるう。
○型にマフィン用グラシン紙を敷く。
○オーブンを190℃に予熱する。

作り方
1 シナモンペーストの材料を容器に入れて、泡立て器でよく混ぜる。
2 ボウルに卵を入れて泡立て器で溶きほぐし、植物油を少しずつ加えながら混ぜて乳化させる。
3 ヨーグルトを一度に加え、かたまりがなくなるまで泡立て器で混ぜる。牛乳、バニラオイルを順に加え、そのつどよく混ぜて乳化させる。
4 Aを一度に加え、ボウルを回しながらゴムべらで底から生地を返すように混ぜる。粉っぽさがなくなったら、混ぜ終わり。
5 グラシン紙を敷いた型に、スプーンで半量の4を等分に入れる。1の2/3量を生地の中央に等分にのせ、スプーンを立ててくるっと回してマーブル状にする（写真a）
6 上から残りの4を等分に入れ、中央にスプーンでくぼみを作る（写真b）。くぼみに残りの1を等分にのせ（写真c）、スプーンを立ててくるっと回してマーブル状にする（写真d）。190℃のオーブンで18〜20分焼く。
7 焼き上がったらフォークなどを使って型からマフィンを取り出し、ケーキクーラーに移して粗熱をとる。

Part 4

パリパリマフィン

春巻きの皮でパリパリ感を出したアレンジマフィン。中のしっとりした生地と周りのパリパリした皮がマッチした焼き立てのおいしさは格別です。果物やクリームなど、さまざまな具材と合わせることができるのもこのマフィンの魅力です。パリパリマフィンで新たな食感を楽しんでください。

BASIC, PECAN NUTS PIE MUFFIN
基本のパリパリマフィン・ピーカンナッツパイ　作り方→p68

Part 4

基本のパリパリマフィン・ピーカンナッツパイ

しっとり生地と春巻きの皮の組み合わせがユニークなマフィン。
焼いた当日に食べない場合は、電子レンジで温めたあと、
トースターで焼いてください。

材料（直径7cmのマフィン型6個分）
卵　1個
植物油　60g
ヨーグルト　30g
牛乳　30g
バニラオイル　少々
A
　薄力粉　90g
　ベーキングパウダー　小さじ1
　きび砂糖　60g
春巻きの皮（20×20cm）　3枚

アパレイユ
卵　½個
きび砂糖　30g
はちみつ　10g
インスタントコーヒー　ひとつまみ
ピーカンナッツ（ロースト）　20g

下準備
○卵を室温にもどす。
○Aを合わせてふるう。
○春巻きの皮を4等分にし、2枚1組にして重ね、濡らした手で挟んでしめらせる（写真a）。型に1組ずつ敷き込む（写真b）。
○ピーカンナッツを粗みじん切りにする（写真c）。
○オーブンを190℃に予熱する。

a　　b　　c

作り方

1　アパレイユを作る

小さなボウルに入れた卵を溶きほぐし、きび砂糖を加えて泡立て器でよく混ぜる。

はちみつ、インスタントコーヒーを順に加え、そのつど泡立て器でよく混ぜる。

全体によく混ざってムラがなくなったら混ぜ終わり。

パリパリマフィン

2 卵に植物油を混ぜる

ピーカンナッツを加えて、ゴムべらでサッと混ぜる。

ボウルに卵を入れて泡立て器で溶きほぐす。

3 ヨーグルトなどを加える

植物油を少しずつ加えながら、そのつど泡立て器でよく混ぜて乳化させる。

ヨーグルトを一度に加え、かたまりがなくなるまで泡立て器で混ぜる。

牛乳を加え、よく混ぜて乳化させる。

4 粉を加える

バニラオイルを加えてよく混ぜ、Aを一度に加える。

ボウルを回しながら、ゴムべらで底から生地を返すようにして、練らずにさっくりと混ぜる。粉っぽさがなくなったら混ぜ終わり。

POINT
粉が見えなくなったら、必ず混ぜるのを止めてください。混ぜすぎると食感が重くなるので注意しましょう。

5 焼く

春巻きの皮を敷いた型に、スプーンで4を等分に流し入れる。

1をスプーンですくい、生地の中に軽く沈ませるようにして、等分にのせる。190℃のオーブンで20分焼く。

6 型から取り出す

焼き上がったらフォークなどを使って型からマフィンを取り出し、ケーキクーラーに移して粗熱をとる。時間が経つと型からはずれにくくなるため、焼き立ての状態で取り出す。

Part 4

PEACH ROSE
MUFFIN
ピーチローズマフィン

APPLE PIE MUFFIN
アップルパイマフィン

パリパリマフィン

アップルパイマフィン

生地の割合を少なくし、りんごの存在感をアップ。
アメリカンアップルパイのように
生のりんごをたっぷりのせたマフィンです。

材料（直径7cmのマフィン型6個分）
卵　½個
植物油　30g
ヨーグルト　15g
牛乳　15g
バニラオイル　少々
A
　薄力粉　45g
　ベーキングパウダー　小さじ½
　きび砂糖　30g
りんご（紅玉）　1個（約200g）
B
　シナモンパウダー　少々
　メープルシロップ　20g
春巻きの皮（20×20cm）　3枚

下準備（＊は「ピーチローズマフィン」と共通）
○卵を室温にもどす。＊
○Aを合わせてふるう。＊
○りんごは芯を取り除き、皮つきのまま1.5cm角に切る。
○春巻きの皮を4等分にし、2枚1組にして重ね、濡らした手で挟んでしめらせ、型に1組ずつ敷き込む。＊
○オーブンを190℃に予熱する。＊

作り方
1 りんごをボウルに入れ、Bを加えてゴムべらで混ぜる。
2 別のボウルに卵を入れて泡立て器で溶きほぐす。植物油を少しずつ加えながら、そのつど泡立て器で混ぜて乳化させる。
3 ヨーグルトを一度に加え、かたまりがなくなるまで泡立て器で混ぜる。牛乳、バニラオイルを順に加え、そのつどよく混ぜて乳化させる。
4 Aを一度に加え、ボウルを回しながらゴムべらで底から生地を返すように混ぜる。粉っぽさがなくなったら、混ぜ終わり。
5 春巻きの皮を敷いた型に、スプーンで4を等分に流し入れる。1を等分にのせて、190℃のオーブンで23分焼く。
6 焼き上がったらフォークなどを使って型からマフィンを取り出し、ケーキクーラーに移して粗熱をとる。時間が経つと型からはずれにくくなるため、焼き立ての状態で取り出す。

ピーチローズマフィン

黄桃をバラの花のようにデコレーションしたキュートなマフィン。
火の通りがよくなるよう、生地の割合を少なくしています。

材料（直径7cmのマフィン型6個分）
卵　½個
植物油　30g
ヨーグルト　15g
牛乳　15g
バニラオイル　少々
A
　薄力粉　45g
　ベーキングパウダー　小さじ½
　きび砂糖　30g
黄桃（缶詰）　3個（半割）
春巻きの皮（20×20cm）　3枚

下準備
○黄桃は2〜3mm厚さにスライスし、ペーパータオルでしっかりと水気をとる。
○上記以外は「アップルパイマフィン」の下準備＊を参照して同様に準備する。

作り方
1 ピーチローズを作る。スライスした黄桃1枚を中心から外側に巻いて芯を作り（写真a）、周りに黄桃7〜8枚を円を描くようにずらしながら巻きつける（写真b）。これを6個作る。
2 「アップルパイマフィン」の作り方2〜4を参照して同様に作る。
3 春巻きの皮を敷いた型に、スプーンで2を等分に流し入れる。1を1個ずつのせて、190℃のオーブンで20分焼く。
4 「アップルパイマフィン」の作り方6を参照して同様に作る。

a　b
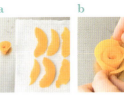

Part 4

BANANA CUSTARD MUFFIN
バナナカスタードマフィン 作り方→p74

PEAR & BLACK PEPPER MUFFIN
洋梨と黒こしょうのマフィン　作り方→p75

バナナカスタードマフィン

レンジで作る簡単カスタードはバニラビーンズと
ラムの香りが広がる本格的な味。焼き立てのカスタードは、
熱々でとろりとしていて、バナナとの相性も抜群です。

材料（直径7cmのマフィン型6個分）
卵　1個
植物油　60g
ヨーグルト　30g
牛乳　30g
バニラオイル　少々
A
│ 薄力粉　90g
│ ベーキングパウダー　小さじ1
│ きび砂糖　60g
バナナ　1本
カスタードクリーム
│ バニラビーンズ　1/4本
│ 牛乳　100g
│ 卵黄　1個分
│ グラニュー糖　20g
│ B
│ │ 薄力粉　5g
│ │ コーンスターチ　5g
│ ラム酒（ダーク）　小さじ1
春巻きの皮（20×20cm）　3枚

下準備
○卵を室温にもどす。
○A、Bはそれぞれ合わせてふるう。
○バナナは3mm厚さの輪切りにする
○バニラビーンズは縦半分に切り、さやを手で開く（写真a）。包丁の背を使い、粒をこそげ出す（写真b）。取り出した粒とさやを耐熱容器に入れ、牛乳を加えて浸しておく。
○春巻きの皮を4等分にし、2枚1組にして重ね、濡らした手で挟んでしめらせ、型に1組ずつ敷き込む。
○オーブンを190℃に予熱する。

作り方
1　カスタードクリームを作る。バニラビーンズをさやごと浸した牛乳を電子レンジで1分30秒加熱し、沸騰直前まで温める。
2　耐熱ボウルに卵黄を入れて泡立て器で溶きほぐし、グラニュー糖を加えて混ぜる。Bを加えてサッと混ぜる。
3　2に1を少しずつ加えながら泡立て器でよく混ぜ、均一な状態にする。
4　3を電子レンジで20秒加熱し、泡立て器で混ぜて均一な状態にする。さらに20秒ずつ電子レンジで3回加熱し、そのつどよく混ぜる。中心までふつふつと沸騰し、すくったときにサラッとした状態になるまで加熱する。
5　すぐにバットに流し入れ、ラップを密着させるようにしてかけ、保冷剤などを上にのせて急冷する。
6　使う直前にさやを取り除き、ボウルに入れてゴムべらでよく練り混ぜ、均一な状態にし、ラム酒を加えて混ぜる。
7　生地を作る。ボウルに卵を割り入れて泡立て器で溶きほぐす。植物油を少しずつ加えながら、そのつど泡立て器でよく混ぜて乳化させる。
8　ヨーグルトを一度に加え、かたまりがなくなるまで泡立て器で混ぜる。牛乳、バニラオイルを順に加え、そのつどよく混ぜて乳化させる。
9　Aを一度に加え、ボウルを回しながらゴムべらで底から生地を返すように混ぜる。少し粉が残る状態になったら、6とバナナを3/4量ずつ2回に分けて加え、そのつどサッと混ぜ合わせる。
10　春巻きの皮を敷いた型に、スプーンで9を等分に入れ、残りの6とバナナを等分にのせて、190℃のオーブンで22分焼く。
11　焼き上がったらフォークなどを使って型からマフィンを取り出し、ケーキクーラーに移して粗熱をとる。時間が経つと型からはずれにくくなるため、焼き立ての状態で取り出す。

洋梨と黒こしょうのマフィン

香りづけのリキュールとピリッときかせた黒こしょうで、
いつもは穏やかな洋梨がぐっと大人の味わいに。

材料（直径7cmのマフィン型6個分）
卵　1個
植物油　60g
ヨーグルト　30g
牛乳　30g
A
　薄力粉　90g
　ベーキングパウダー　小さじ1
　グラニュー糖　60g
粗びき黒こしょう　小さじ1
洋梨（缶詰）　2個（半割）
洋梨のリキュール（またはキルシュ）
　大さじ1
春巻きの皮（20×20cm）　3枚
仕上げ
　粗びき黒こしょう　適量

下準備
○卵を室温にもどす。
○Aを合わせてふるう。
○洋梨は1.5cm角に切り、ペーパータオルでしっかりと汁気を拭き取り、洋梨のリキュールを混ぜておく。
○春巻きの皮を4等分にし、2枚1組にして重ね、濡らした手で挟んでしめらせ、型に1組ずつ敷き込む。
○オーブンを190℃に予熱する。

作り方

1 ボウルに卵を割り入れて泡立て器で溶きほぐす。植物油を少しずつ加えながら、そのつど泡立て器でよく混ぜて乳化させる。
2 ヨーグルトを一度に加え、かたまりがなくなるまで泡立て器で混ぜる。牛乳を加え、よく混ぜて乳化させる。
3 Aと粗びき黒こしょうを一度に加え、ボウルを回しながらゴムべらで底から生地を返すように混ぜる。少し粉が残る状態になったら、2/3量の洋梨をリキュールごと加えてサッと混ぜ合わせる。
4 春巻きの皮を敷いた型に、スプーンで3を等分に流し入れる。残りの洋梨を等分にのせて、190℃のオーブンで20分焼く。
5 焼き上がったらフォークなどを使って型からマフィンを取り出し、粗びき黒こしょうをふり、ケーキクーラーに移して粗熱をとる。時間が経つと型からはずれにくくなるため、焼き立ての状態で取り出す。

Part 4

FLORENTINE MUFFIN
フロランタンマフィン

パリパリマフィン

フロランタンマフィン

キャラメル風味のアーモンドが香ばしいフランス菓子、フロランタンをアレンジ。面倒なアパレイユもレンジで簡単に作れるレシピをご紹介。アパレイユは冷凍保存できるので、多めに作ってお菓子のトッピングなどに使っても便利です。

材料（直径7cmのマフィン型6個分）

卵　1個
植物油　60g
ヨーグルト　30g
牛乳　30g
バニラオイル　少々

A
 薄力粉　90g
 ベーキングパウダー　小さじ1
 きび砂糖　40g

アパレイユ
 B
  水、グラニュー糖、はちみつ
   各20g
 生クリーム　20g
 植物油　小さじ1/3
 スライスアーモンド（ロースト）
  20g

春巻きの皮（20×20cm）　3枚

下準備

○ 卵を室温にもどす。
○ **A**を合わせてふるう。
○ オーブンシートに12×8cmの折り目をつけておく。
○ 春巻きの皮を4等分にし、2枚1組にして重ね、濡らした手で挟んでしめらせ、型に1組ずつ敷き込む。
○ オーブンを180℃に予熱する。

作り方

1. アパレイユを作る。**B**を耐熱ボウルに入れて泡立て器で混ぜ、電子レンジで2分ほど加熱する。煮詰まって薄茶色になったら取り出す。
2. 生クリームを加えて混ぜ、さらに1分20秒ほど加熱する。とろりと煮詰まって薄いベージュ色になったら取り出す。
3. 植物油とスライスアーモンドを加えてゴムべらで混ぜ、オーブンシートの上に流す。アーモンドが均等になるようにならし（写真a）、折り目に沿ってカードで四角く整え（写真b）、粗熱をとる。
4. 冷蔵庫に入れて10分ほど冷やし、取り出してナイフで6等分に切れ目を入れ（写真c）、さらに冷凍庫で15分以上冷やし固める。
5. 生地を作る。ボウルに卵を割り入れて泡立て器で溶きほぐす。植物油を少しずつ加えながら、そのつど泡立て器でよく混ぜて乳化させる。
6. ヨーグルトを一度に加え、かたまりがなくなるまで泡立て器で混ぜる。牛乳、バニラオイルを順に加え、そのつどよく混ぜて乳化させる。
7. **A**を一度に加え、ボウルを回しながらゴムべらで底から生地を返すように混ぜる。粉っぽさがなくなったら、混ぜ終わり。
8. 春巻きの皮を敷いた型に、スプーンで7を等分に流し入れる。4を冷凍庫から出し、切れ目に沿って手で割り、1枚ずつのせて、180℃のオーブンで20分焼く。
9. 焼き上がったらフォークなどを使って型からマフィンを取り出し、ケーキクーラーに移して粗熱をとる。時間が経つと型からはずれにくくなるため、焼き立ての状態で取り出す。

a

b

c

Part 4

SESAME DUMPLING MUFFIN
ごま団子マフィン

パリパリマフィン

ごま団子マフィン

大好きなごま団子をイメージして作ったマフィンです。
表面にたっぷりとふったごまと春巻きの皮のパリパリ感がマッチ。
緑茶やウーロン茶と一緒に食べたいアジアンテイストな一品です。

材料（直径7cmのマフィン型6個分）
卵　1個
植物油　60g
ヨーグルト　30g
牛乳　30g
バニラオイル　少々
A
　薄力粉　90g
　ベーキングパウダー　小さじ1
　きび砂糖　50g
ゆであずき　60g
炒りごま（白、黒）　各大さじ1
春巻きの皮（20×20cm）　3枚

下準備
○卵を室温にもどす。
○Aを合わせてふるう。
○炒りごま白、黒を混ぜ合わせておく。
○春巻きの皮を4等分にし、2枚1組にして重ね、濡らした手で挟んでしめらせ、型に1組ずつ敷き込む。
○オーブンを190℃に予熱する。

作り方
1 ボウルに卵を割り入れて泡立て器で溶きほぐす。植物油を少しずつ加えながら、そのつど泡立て器でよく混ぜて乳化させる。
2 ヨーグルトを一度に加え、かたまりがなくなるまで泡立て器で混ぜる。牛乳、バニラオイルを順に加え、そのつどよく混ぜて乳化させる。
3 Aを一度に加え、ボウルを回しながらゴムべらで底から生地を返すように混ぜる。粉っぽさがなくなったら、混ぜ終わり。
4 春巻きの皮を敷いた型に、3の½量をスプーンで等分に流し入れる。ゆであずきを等分に入れ、残りの3を上から流し入れ、表面に炒りごまをふる。190℃のオーブンで20分焼く。
5 焼き上がったらフォークなどを使って型からマフィンを取り出し、ケーキクーラーに移して粗熱をとる。時間が経つと型からはずれにくくなるため、焼き立ての状態で取り出す。

Part 5

おかずマフィン

食事にもなる塩味のマフィンです。ツナや卵、野菜など、たっぷりの具材に負けない、しっかりとした生地が特徴です。トマトやほうれん草などの彩りのきれいなトッピングができるので、持ち寄りパーティーやちょっとした手土産などにもおすすめ。甘いものが苦手な人にも喜ばれます。

BASIC, TUNA MAYONNAISE MUFFIN
基本のおかずマフィン・ツナマヨネーズ　作り方→p82

Part 5

基本のおかずマフィン・ツナマヨネーズ

ほんのり塩気のきいた生地にツナマヨネーズを加えたおかずマフィン。
どんなおかずとも合う生地は、アレンジも自在です。

材料（直径7cmのマフィン型6個分）
卵　2個
植物油　50g
マヨネーズ　30g
ヨーグルト　40g
牛乳　30g
ツナ缶（オイル煮）　1缶（70g）
A
　薄力粉　120g
　ベーキングパウダー　小さじ1と½
　塩　小さじ¼
粗びき黒こしょう　適量

下準備
○卵を室温にもどす。
○Aを合わせてふるう。
○型にマフィン用グラシン紙を敷く。
○オーブンを190℃に予熱する。

作り方

1 卵に植物油を混ぜる

ボウルに卵を割り入れ、泡立て器で溶きほぐす。

植物油を少しずつ加えながら、そのつど泡立て器でよく混ぜて乳化させる。

2 マヨネーズなどを加える

マヨネーズを加え、泡立て器で混ぜる。

マヨネーズと卵が分離せず、卵液がとろっとした状態になるまで混ぜる。

ヨーグルトを一度に加え、かたまりがなくなるまで泡立て器で混ぜる。

牛乳を加え、よく混ぜて乳化させる。

おかずマフィン

3 粉を加える

POINT
おかずマフィンは特に混ぜすぎると食感が重くなるので注意しましょう。

ツナをオイルごと加え、全体になじむようによく混ぜる。

Aを一度に加え、続けて黒こしょうを加える。

ボウルを回しながら、ゴムべらで底から生地を返すようにして、練らずにさっくりと混ぜる。粉っぽさがなくなったら混ぜ終わり。

4 焼く

5 型から取り出す

POINT
生地に少しダマが残っていてもOK。

グラシン紙を敷いた型に、スプーンで3を等分に流し入れ、190℃のオーブンで18〜20分焼く。

焼き上がったらフォークなどを使って型からマフィンを取り出し、ケーキクーラーに移して粗熱をとる。

Part 5

SPINACH & QUAIL'S EGG MUFFIN
ほうれん草とうずらの卵のマフィン

(84)

おかずマフィン

ほうれん草とうずらの卵のマフィン

ほうれん草は水気をしっかり絞りとることで、たっぷり入れても水っぽくなりません。うずらの卵は小さくても満足感がアップする、栄養バランスの良い組み合わせです。

材料（直径7cmのマフィン型6個分）
- 卵　2個
- 植物油　70g
- ヨーグルト　40g
- 牛乳　30g
- A
  - 薄力粉　120g
  - ベーキングパウダー　小さじ1と1/2
  - 塩　小さじ1/2
- ほうれん草　1束（約270g）
- うずらの卵（ゆでたもの）　6個

下準備
- 卵を室温にもどす。
- Aを合わせてふるう。
- ほうれん草は熱湯（分量外）でサッとゆで、1cm幅に切ってペーパータオルにくるんで水気をしっかりと絞る。
- うずらの卵を半分に切る。
- 型にマフィン用グラシン紙を敷く。
- オーブンを190℃に予熱する。

作り方
1. ボウルに卵を割り入れて泡立て器で溶きほぐす。植物油を少しずつ加えながら、そのつど泡立て器でよく混ぜて乳化させる。
2. ヨーグルトを一度に加え、かたまりがなくなるまで泡立て器で混ぜる。牛乳を加え、よく混ぜて乳化させる。
3. Aを一度に加え、ボウルを回しながらゴムべらで底から生地を返すように混ぜる。少し粉が残る状態になったら、ほうれん草を加えてサッと混ぜる。
4. グラシン紙を敷いた型に、スプーンで3を等分に入れる。うずらの卵を等分に生地に2切れずつのせて、190℃のオーブンで20分焼く。
5. 焼き上がったらフォークなどを使って型からマフィンを取り出し、ケーキクーラーに移して粗熱をとる。

CURRY ONION SAUSAGE MUFFIN
カレーオニオンソーセージマフィン 作り方→p88

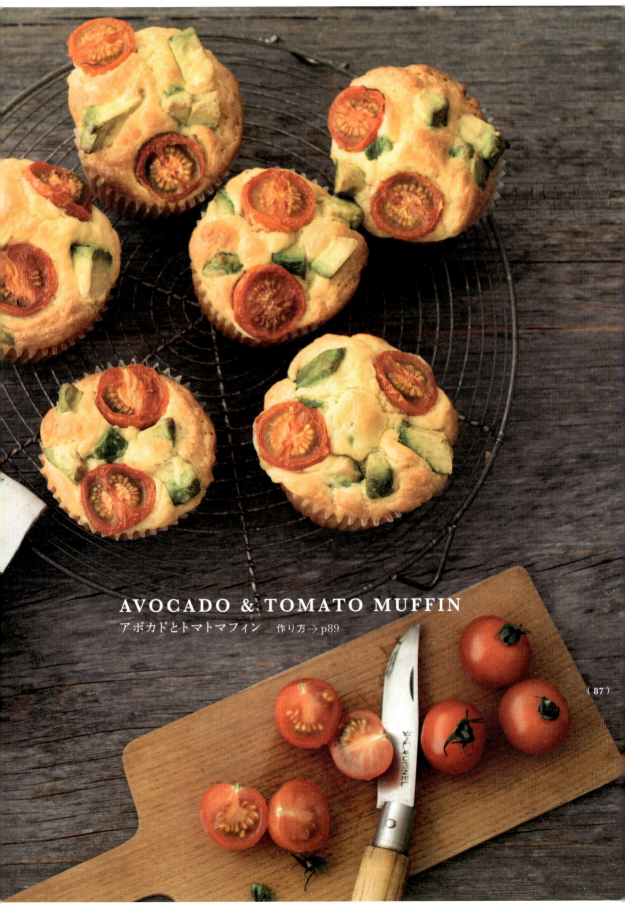

おかずマフィン

AVOCADO & TOMATO MUFFIN
アボカドとトマトマフィン　作り方→p89

カレーオニオンソーセージマフィン

ほんのり黄色い生地とカレーの香りが食欲をそそります。
玉ねぎにカレー粉をまぶしておくことで、
余分な水分が吸収され、おいしく仕上がります。

材料（直径7cmのマフィン型6個分）
卵　2個
植物油　70g
ヨーグルト　40g
牛乳　30g
A
　薄力粉　120g
　ベーキングパウダー　小さじ1と1/2
　塩　小さじ1/3
B
　玉ねぎ　1/2個
　カレー粉　小さじ2
ウインナーソーセージ　5本

下準備
○卵を室温にもどす。
○Aを合わせてふるう。
○Bの玉ねぎを薄くスライスし、カレー粉をまぶしておく。
○ウインナーは8mm厚さに切る。
○型にマフィン用グラシン紙を敷く。
○オーブンを190℃に予熱する。

作り方
1　ボウルに卵を割り入れて泡立て器で溶きほぐす。植物油を少しずつ加えながら、そのつど泡立て器でよく混ぜて乳化させる。
2　ヨーグルトを一度に加え、かたまりがなくなるまで泡立て器で混ぜる。牛乳を加え、よく混ぜて乳化させる。
3　Aを一度に加え、ボウルを回しながら、ゴムべらで底から生地を返すようにして、練らずにさっくりと混ぜる。少し粉が残る状態になったら、3/4量のウインナーとBを加えてサッと混ぜる。
4　グラシン紙を敷いた型に、スプーンで3を等分に入れる。残りのウインナーを等分にのせて、190℃のオーブンで20分焼く。
5　焼き上がったらフォークなどを使って型からマフィンを取り出し、ケーキクーラーに移して粗熱をとる。

おかずマフィン

アボカドとトマトマフィン

彩りも鮮やかでテーブルがパッと明るくなるマフィン。
アボカドのとろっとした食感とミニトマトのさわやかな酸味が魅力です。

材料（直径7cmのマフィン型6個分）
卵　2個
植物油　50g
マヨネーズ　30g
ヨーグルト　40g
牛乳　30g
A
　薄力粉　120g
　ベーキングパウダー　小さじ1と1/2
　塩　小さじ1/3
粗びき黒こしょう　適量
アボカド　1個
ミニトマト　6個

下準備
○ 卵を室温にもどす。
○ Aを合わせてふるう。
○ アボカドは半分に割って種を取り、皮をむいて1.5cm角に切る。
○ ミニトマトは半分に切る。
○ 型にマフィン用グラシン紙を敷く。
○ オーブンを190℃に予熱する。

作り方
1. ボウルに卵を割り入れて泡立て器で溶きほぐす。植物油を少しずつ加えながら、そのつど泡立て器でよく混ぜて乳化させる。
2. マヨネーズを加えて泡立て器で混ぜる。ヨーグルトを一度に加え、かたまりがなくなるまで混ぜる。牛乳を加え、よく混ぜて乳化させる。
3. Aを一度に加え、続けて黒こしょうを加える。ボウルを回しながら、ゴムべらで底から生地を返すようにして、練らずにさっくりと混ぜる。少し粉が残る状態になったら、2/3量のアボカドを加えてサッと混ぜる。
4. グラシン紙を敷いた型に、スプーンで3を等分に入れる。ミニトマトと残りのアボカドを等分にのせて、190℃のオーブンで20分焼く。
5. 焼き上がったらフォークなどを使って型からマフィンを取り出し、ケーキクーラーに移して粗熱をとる。

Part 5

BACON, APPLE MUFFIN
ベーコン・アップルマフィン

BACON, PRUNE MUFFIN
ベーコン・プルーンマフィン

ベーコン・アップルマフィン

角切りベーコンのジューシーさと薄切りりんごのフルーティーな酸味がよく合います。食べ応えのある食事向きのマフィンです。

材料（直径7cmのマフィン型6個分）
- 卵　2個
- 植物油　70g
- ヨーグルト　40g
- 牛乳　30g
- A
  - 薄力粉　120g
  - ベーキングパウダー　小さじ1と1/2
  - 塩　小さじ1/3
- 粗びき黒こしょう　適量
- ベーコン　50g
- りんご（好みのもの）　1/2個（100g）

下準備
（＊は「ベーコン・プルーンマフィン」と共通）
- 卵を室温にもどす。＊
- Aを合わせてふるう。＊
- ベーコンは1cm角に切る。
- りんごは皮つきのまま2mm厚さのいちょう切りにする。
- 型にマフィン用グラシン紙を敷く。＊
- オーブンを190℃に予熱する。＊

作り方
1. ボウルに卵を割り入れて泡立て器で溶きほぐす。植物油を少しずつ加えながら、そのつど泡立て器でよく混ぜて乳化させる。
2. ヨーグルトを一度に加え、かたまりがなくなるまで泡立て器で混ぜる。牛乳を加え、よく混ぜて乳化させる。
3. Aを一度に加え、続けて黒こしょうを加える。ボウルを回しながら、ゴムべらで底から生地を返すようにして、練らずにさっくりと混ぜる。少し粉が残る状態になったら、ベーコンと2/3量のりんごを加えてサッと混ぜる。
4. グラシン紙を敷いた型に、スプーンで3を等分に入れる。残りのりんごを等分にのせて、190℃のオーブンで20分焼く。
5. 焼き上がったらフォークなどを使って型からマフィンを取り出し、ケーキクーラーに移して粗熱をとる。

ベーコン・プルーンマフィン

ベーコンの塩気とドライプルーンのねっとりとした甘さが絶妙。噛めば噛むほどジュワッとおいしさが広がるマフィンです。

材料（直径7cmのマフィン型6個分）
- 卵　2個
- 植物油　70g
- ヨーグルト　40g
- 牛乳　30g
- 粒マスタード　小さじ1
- A
  - 薄力粉　120g
  - ベーキングパウダー　小さじ1と1/2
  - 塩　小さじ1/3
- 粗びき黒こしょう　少々
- ドライプルーン（種抜き）　50g
- ベーコン　50g

下準備
- プルーンとベーコンは1cm角に切る。
- 上記以外は「ベーコン・アップルマフィン」の下準備＊を参照して同様に準備する。

作り方
1. ボウルに卵を割り入れて泡立て器で溶きほぐす。植物油を少しずつ加えながら、そのつど泡立て器でよく混ぜて乳化させる。
2. ヨーグルト、牛乳、粒マスタードを順に加えて、そのつど泡立て器でよく混ぜて乳化させる。
3. Aを一度に加え、続けて黒こしょうを加える。ボウルを回しながら、ゴムべらで底から生地を返すようにして、練らずにさっくりと混ぜる。少し粉が残る状態になったら、プルーンとベーコンを加えてサッと混ぜる。
4. グラシン紙を敷いた型に、スプーンで3を等分に入れ、190℃のオーブンで20分焼く。
5. 「ベーコン・アップルマフィン」の作り方5を参照して同様に粗熱をとる。

Part 5

CHIKUWA & GREEN LAVER MUFFIN
ちくわと青のりのマフィン

おかずマフィン

ちくわと青のりのマフィン

こんがりと焼けたちくわが食欲をそそります。
生地に混ぜた青のりが、見た目や香りを引き立てます。

材料（直径7cmのマフィン型6個分）
卵　2個
植物油　70g
ヨーグルト　50g
牛乳　30g
A
　薄力粉　110g
　ベーキングパウダー　小さじ1と½
　塩　小さじ⅓
　青のり　大さじ2
ちくわ　3本

下準備
○卵を室温にもどす。
○Aは青のり以外を合わせてふるい、あとから青のりを加えて混ぜる。
○ちくわは8mm厚さの輪切りにする。
○型にマフィン用グラシン紙を敷く。
○オーブンを180℃に予熱する。

作り方
1　ボウルに卵を割り入れて泡立て器で溶きほぐす。植物油を少しずつ加えながら、そのつど泡立て器でよく混ぜて乳化させる。
2　ヨーグルトを一度に加え、かたまりがなくなるまで泡立て器で混ぜる。牛乳を加え、よく混ぜて乳化させる。
3　Aを一度に加え、ボウルを回しながら、ゴムべらで底から生地を返すようにして、練らずにさっくりと混ぜる。少し粉が残る状態になったら、ちくわを18切れ残して加えてサッと混ぜる。
4　グラシン紙を敷いた型に、スプーンで3を等分に入れる。残りのちくわを3切れずつのせ、180℃のオーブンで20分焼く。
5　焼き上がったらフォークなどを使って型からマフィンを取り出し、ケーキクーラーに移して粗熱をとる。

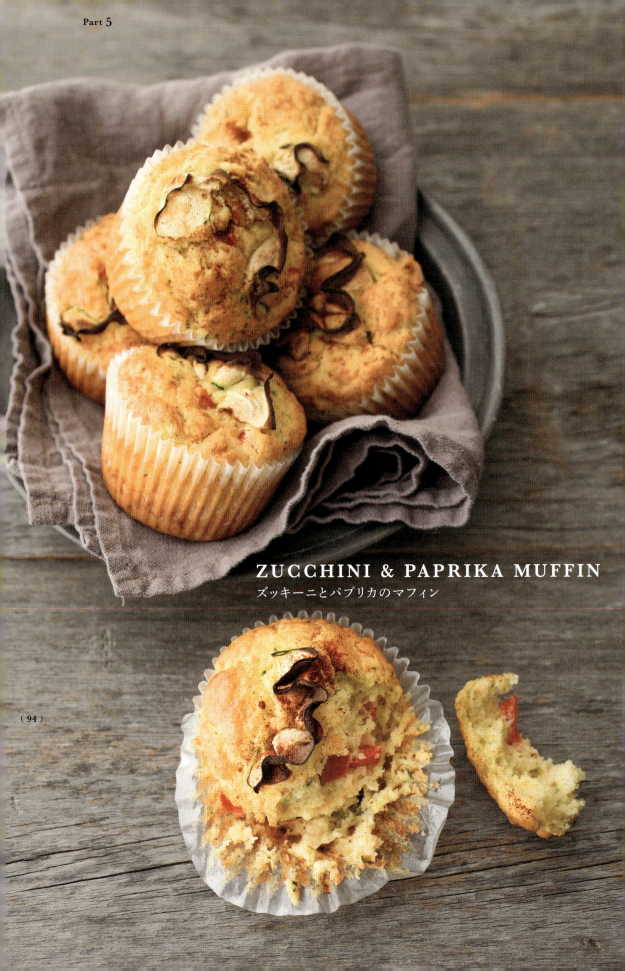

ZUCCHINI & PAPRIKA MUFFIN
ズッキーニとパプリカのマフィン

おかずマフィン

ズッキーニとパプリカのマフィン

ズッキーニをフリル状にのせたおしゃれなマフィン。
中を割ると、すりおろしたズッキーニと赤いパプリカが鮮やかで、
手土産やパーティーシーンにもおすすめです。

材料（直径7cmのマフィン型6個分）
卵　2個
植物油　60g
ズッキーニ　1本
A
　薄力粉　120g
　ベーキングパウダー　小さじ1と1/2
　塩　小さじ1/3
　オレガノ（ドライ）　小さじ1
粗びき黒こしょう　適量
パプリカ（赤）　1/2個
仕上げ
　パプリカパウダー　適量

下準備
○卵を室温にもどす。
○Aはオレガノ以外を合わせてふるい、あとからオレガノを加えて混ぜる。
○ズッキーニはピーラーで縦に薄く切り、6枚用意する。残りをすりおろし、水分を絞らずに70g準備する。
○パプリカは1cm角に切る。
○型にマフィン用グラシン紙を敷く。
○オーブンを190℃に予熱する。

作り方
1　ボウルに卵を割り入れて泡立て器で溶きほぐす。植物油を少しずつ加えながら、そのつど泡立て器でよく混ぜて乳化させる。
2　すりおろしたズッキーニを一度に加え、泡立て器でよく混ぜて乳化させる。
3　Aを一度に加え、続けて黒こしょうを加える。ボウルを回しながら、ゴムべらで底から生地を返すようにして、練らずにさっくりと混ぜる。少し粉が残る状態になったら、パプリカを加えてサッと混ぜる。
4　グラシン紙を敷いた型に、スプーンで3を等分に入れる。薄切りのズッキーニは1枚ずつひだを寄せ（写真a）、生地に刺し込む（写真b）。190℃のオーブンで20分焼く。
5　焼き上がったらフォークなどを使って型からマフィンを取り出す。ケーキクーラーに移してパプリカパウダーをふり、粗熱をとる。

a 　b

吉川 文子（よしかわ ふみこ）

お菓子研究家。手作りのお菓子を友人に出していたところ、作り方を教えてほしいといわれたのがきっかけで、お菓子教室をスタート。現在、自宅にて洋菓子教室「kouglof」を主宰。藤野真紀子氏、近藤冬子氏、フランス人パティシエのサントス・アントワーヌ氏らに師事。1999年に「きょうの料理大賞」にて、お菓子部門賞受賞。身近にある材料で、簡単においしく作れるレシピを考案。著書に「バターを使わないパウンドケーキ」（小社）、「CLOUD BREAD クラウドブレッド」（朝日新聞出版）、「バットでつくる スクエアシフォンケーキ」（誠文堂新光社）、「バターなしでもとびきりおいしい　りんごのお菓子レシピ」（世界文化社）などがある。

2017年4月26日　初版第1刷発行

バターを使わないマフィン

しっとり、ふわふわ、ほろほろ、パリパリ、おかず
5つの生地で楽しむ全46品

著者　吉川文子
発行者　滝口直樹
発行所　株式会社 マイナビ出版
　　　　〒101-0003 東京都千代田区一ツ橋2-6-3　一ツ橋ビル2F
　　　　TEL　0480-38-6872 ［注文専用ダイヤル］
　　　　　　　03-3556-2731 ［販売部］
　　　　　　　03-3556-2735 ［編集部］
　　　　URL　http://book.mynavi.jp
印刷・製本　シナノ印刷株式会社

○定価はカバーに記載してあります。
○乱丁・落丁本はお取り替えいたします。
　お問い合わせは、TEL：0480-38-6872 ［注文専用ダイヤル］ または、
　電子メール：sas@mynavi.jpまでお願いします。
○内容に関するご質問等がございましたら、往復はがき、または封書の場合は返信用切手、
　返信用封筒を同封の上、マイナビ出版編集2部までお送りください。
○本書は著作権法上の保護を受けています。本書の一部あるいは全部について、
　著者、発行者の許諾を得ずに無断で複写、複製することは禁じられています。

ISBN978-4-8399-6202-9　C5077
©2017 Mynavi Publishing Corporation
©2017 Fumiko Yoshikawa　Printed in Japan

デザイン　三上祥子（Vaa）
写真　　　有賀 傑
スタイリング　池水陽子
取材　　　守屋かおる

DTP　アーティザンカンパニー
校正　西進社
編集　櫻岡美佳

材料提供　cuoca（クオカ）
　　　　　ナビダイヤル0570-00-1417
　　　　　（10：00～18：00）
　　　　　http://www.cuoca.com